AI와 비전문가

인공지능총서

인공지능 시대입니다. 기계가 인간의 인지를 대신하고, 사물이 인간을 통하지 않고 다른 사물과 직접 커뮤니케이션합니다. 이에 따른 인간 삶과 문명 변화를 정확히 이해·예측·대응하는 것은 이 시대 우리 모두의 과제입니다. 인공지능총서는 인공지능 기술과 환경의 여러 주제를 10가지 키워드로 정리합니다. 관련 개념과 이론, 학계와 산업계의 쟁점, 우리 일상의 변화를 다룹니다. 인간과 기술의 현재, 미래를 세심히 분석합니다.

일러두기

- 인명, 작품명, 저서명, 개념어 등은 한글과 함께 괄호 안에 해당 국가의 원어를 병기했습니다.
- 외래어 표기는 현행 어문규정의 외래어표기법을 따랐습니다. 다만 '딥러닝' 등은 관행을 따랐습니다.

처음이세요?

전문가세요?

AI와 비전문가

이건한

대한민국, 서울, 커뮤니케이션북스, 2025

AI와 비전문가

지은이 이건한
펴낸이 박영률

초판 1쇄 펴낸날 2025년 8월 25일

커뮤니케이션북스(주)
출판 등록 2007년 8월 17일 제313-2007-000166호
02880 서울시 성북구 성북로 5-11
전화(02) 7474 001, 팩스(02) 736 5047
commbooks@commbooks.com
www.commbooks.com

ISBN 979-11-430-0741-4 03500

책값은 뒤표지에 표시되어 있습니다.

차례

비전문가도 이해할 수 있는 AI xi

01 배우: AI와 인간의 경계 1

02 아인슈타인: AI와 데이터의 관계 11

03 날씨 예보: AI 추천 알고리즘 21

04 야누스: AI와 일자리 31

05 애인 대행 아르바이트: AI와 사랑 41

06 돌아온 사전 혁명: AI와 검색 51

07 일타강사: AI와 교육 61

08 인류 멸망의 수: AI와 디스토피아 71

09 뫼비우스의 띠: AI와 저작권 81

10 AI 라이선스: AI와 챗GPT 91

비전문가도 이해할 수 있는 AI

2016년 세계 최정상급 바둑 기사였던 이세돌 9단이 한낱 바둑 AI(알파고)에게 패배한 사건 이후, 우리는 한동안 'AI ○○'이 곳곳에서 쏟아져 나오는 시기를 보냈다. AI 냉장고, AI 챗봇, AI 추천, AI 자율주행 등 지금 돌아봐도 다 열거하기 힘들 만큼 많은 제품과 서비스에 AI라는 접두어가 붙곤 했다.

하지만 2020년대 초까지만 해도 "진짜 인상적인 AI를 써 본 적 있느냐"는 필자의 질문에 "그렇다"고 답하는 사람은 없었다. 대부분 "잘 모르겠는데 그래도 AI 붙은 서비스는 조금 더 낫지 않겠어요? 그냥 믿고 쓰는 거죠 뭐" 같은 막연한 반응을 보일 뿐이었다. 당시 다양한 기술 산업 취재를 담당했던 나는 이런 반응에 묘한 괴리감을 느꼈다. 분명 알파고의 성공으로 재조명된 '딥러닝(Deep Learning)' 같은 고급 AI 기술이 한동안 떠들썩하게 조명된 이후였다. 또한 딥러닝은 실제로 다양한 산업 발전에 큰 기여를 하기도 했다. 그러나 대중은 그 안에서 체감할 만한 변화를 느끼지 못한 것처럼 보였다.

그래도 당시에는 '그럴 수 있지'라고 생각했다. AI 비전문가들에게 알파고는 매우 신기하게 느껴졌지만, 그 기반이 된 딥러닝 기술은 너무나도 어렵고 추상적이었다. 그런 딥러닝 기술만으로 손에 잡히는 서비스를 구현할 수 있는 것도 아니었다. 무엇보다 "딥러닝은 대중이 반드시 알아야 할 기술인가?"라고 묻는다면 그것도 아니었다. 딥러닝 정도는 일반인이 이진법 연산(0, 1의 조합만으로 수를 표시하는 방식)을 몰라도 컴퓨터 이용에 아무 문제가 없는 것과 다르지 않다고 생각했던 까닭이다.

진짜 이유야 무엇이든 딥러닝 시대의 AI는 단물 빠진 알파고와 함께 대중의 관심에서 멀어져 갔다. 그와 함께 AI라는 키워드도 어느 순간 진부한 마케팅 키워드로 전락했다. 그저 남은 AI 연구자들과 하이테크 기업들만이 그들만의 AI 경쟁을 지속적으로 이어 갔을 뿐이었다.

이런 상황은 2022년 11월 30일, 미국의 오픈AI가 챗GPT라는 신개념 AI 서비스를 공개한 후에야 반전됐다. 챗GPT는 대중의 관심을 다시 한번 AI로 집중시켰다. 게다가 이번 주인공은 AI 그 자체였다. 당시 챗GPT는 어떤 질문에도 척척 답하는 것처럼 보였고 문장력도 인간이라 착각할 만큼 자연스러웠다. 또한 정해진 시나리오 없이도 사용자의 질문과 대화의 맥락을 이해해 능동적으로 반응하는 모습도 보였다. 이처럼 이전에는 마치 영화에서나 보던 AI 서비스가 갑자기 등장하자 사람들은 큰 충격에 빠졌다. 일부는 "드디어 인간 수준의 AI가 개발됐다"라고 말하기도 했다. 물론 초창기 챗GPT나 지금의 챗GPT나 실제 인간의 수준과 비교하기에는 여러모로 부족한 점이 많다. 그러나 적어도 인류 역사상 처음으로 '비전문가도 쉽게 이해할 수 있는 AI 서비스'가 등장했다는 사실만은 분명했다.

딥러닝의 진화와 AI 언어팩의 등장

챗GPT 등장 이전까지 AI는 소수 전문가들의 전유물이었다. AI 연구의 주된 목적 또한 인간의 뇌 구조를 모방하는 '인공신경망' 기술 고도화에 집중됐던 시기였다. 앞서 언급된 딥러닝의 발견은 이런 인공신경망 개발 역사에 길이 남을 역작 중 하나다. 다만 누구나 쉽게 다룰 수 있는 기술은 아니었다. 기존 인공신경망이 작은 계산기라면 딥러닝은 고성능 컴퓨터에 비견될 만큼 구조가 복잡했기 때문이다. 오죽하면 딥러닝 전문가들조차 딥러닝 기반 AI가 만든 결과물들이 어떤 과정으로 만들어지는지 100% 알 수 없을 정도였다. 알파고 개발사인 구글 딥마인드가 2018년 한 의학용 AI 연구 결과를 소개하며

"대부분의 AI 시스템은 그들이 왜 그런 추천을 했는지 이해하기 어렵다"라고 언급했던 일도 딥러닝의 난해함을 잘 설명한다(Suleyman, 2018).

그럼에도 딥러닝 기술은 발전을 거듭했다. 결국 알파고 등장 이듬해인 2017년 구글이 딥러닝을 응용해 개발한 '트랜스포머(Transformer)'라는 기술이 AI 역사에 또 한 번 기록될 게임 체인저로 등장했다. 이 트랜스포머의 개발이 오늘날 챗GPT를 비롯한 거의 모든 AI의 엔진 역할을 하는 대형언어모델(Large Language Model, LLM) 개발로 이어진다. LLM은 이후 1장 등에서 자세히 설명하겠지만 우선 '인간 언어 구사에 특화된 AI용 언어팩' 정도로 짧게 소개한다. 아니면 일단 인간과 컴퓨터 사이 통역기 정도로 생각해 두자. 중요한 건 바로 LLM 덕분에 AI 개발 역사 수십 년을 통틀어 처음으로 비전문가도 AI와 직접 소통하고, AI를 통제할 수도 있는 시대가 찾아왔다는 점이었다.

과대 포장에 속지 않고 AI 바로 알기

이 책은 어느 날 불쑥 찾아온 모두의 AI 시대를 더욱 잘 살아 내고 싶은 모든 AI 비전문가를 향한 가이드북이다. 서문의 제목이기도 한 '비전문가도 이해할 수 있는 AI'를 위해 각 장의 주제는 연상이 쉬운 비유와 연결하고, 최대한 명료하게 풀어내고자 애썼다. 기술적 용어 사용 역시 최대한 줄이면서 가능하면 쉬운 표현이나 풀이로 대체해 쓰고자 했다.

또한 이 책의 주요 목표는 'AI의 본질 바로 알기'다. AI가 모든 개인의 삶, 사회, 국가, 산업 전반에 걸쳐 피할 수 없을 정도로 확산되고 있는 시기다. 동시에 지금은 AI 기술 발전 속도가 무시무시할 정도로 빠른 시점이다. 아마 이 책을 집필하고 있는 시점(2025년 4~5월)과 출간된 시점의 AI 트렌드도 조금 다를 수 있다. 따라서 최소 1~2년 이상은 큰 변화가 없을 것으로 예상되면서, 동시에 현대적 AI의 특성이 잘 드러나는 주제들을 고르기 위해 고민했다. 이 책에 실린 10개의 주제와 이야기가 가급적 많은 독자들에게 오랫동안 도움이 되길 바란다.

이 책의 또 다른 목표는 AI 시대를 살아가면서 마주할 각종 AI 제품, 서비스, 이슈에 대한 올바른 관점을 제시하는 것이다. 지금은 챗GPT 외에도 온갖 새로운 AI 서비스가 쏟아져 나오고, 세계적인 유명 인사들도 "AI가 인간의 지능을 추월할 날이 멀지 않았다"라고 예언하는 시대다. 그러나 기자의 시선에서 볼 때 보통 이런 소식을 뉴스로 접하는 일반 독자들은 AI에 대한 기대보다 피로나 우려를 더 많이 느끼는 것처럼 보인다. 그도 그럴 것이 많은 AI 주제 뉴스가 AI의 유능함이든 잠재적 위협이든 상대적으로 과대 포장해 전하는 경향을 보이기 때문이다. 개인적으로 그런 뉴스 생산에 집중하는 이들의 숨은 의도가 그리 건강하지 않다고 생각한다.

돌아보면 AI뿐 아니라 인터넷, 블록체인, 클라우드, 메타버스 등 시대를 앞서 풍미한 모든 첨단 기술도 각자의 뚜렷한 명암(明暗)이 있었다. 특정 기술이 큰 혁신을 일으키는 영역이 있고, 반대로 별 효용을 만들지 못하는 영역도 있다. 또한 기술 적용을 통해 사용자가 얻는 장점이 있다면 반대로 포기해야 할 단점도 있는 것이 불변의 법칙이었다. 그만큼 모든 기술은 각자의 명암을 균형 있게 살피며 적재적소에 적용할 때에만 사용자에게 가장 이상적인 가치를 제공한다. 지금의 AI도 장밋빛 미래에 대한 맹목적 믿음 또는 검증되지 않은 위협에 대한 과대 포장을 멈추고 조금 더 중립적인 시각으로 바라볼 때다.

물론 오늘날의 AI는 만능처럼 보이는 구석이 많아 균형 잡기가 쉽지 않은 편이다. 그러나 무엇이든 뚝딱하면 만들 수 있는 도깨비방망이가 아니란 사실도 분명하다. AI를 조금만 공부해 보면 현재 AI 역시 잘할 수 있는 일과 할 수 없는 일이 명확히 구분된다. 또한 AI를 일상에

도입함으로써 당장 얻을 수 있는 이점이 많지만 그만큼 새롭게 생겨날 사회적 문제들도 적지 않다. 지금 우리에게 필요한 건 바로 이런 양단의 문제를 균형 있게 살펴볼 눈이다.

이를 위해서는 우선 요즘 AI를 대표하는 핵심 기술들이 최소한 어떤 특징을 갖고 있는지 알아 두면 좋다. 반드시 전문가 수준으로 알 필요도 없다. 인간이 불이라는 유용한 도구의 핵심적인 성질 일부(고온 등)만 알아도 꽤 안전하게 불의 모든 이점을 누릴 수 있는 것처럼 말이다. 문제는 아직 너무 많은 사람이 AI의 개념을 막연한 수준으로 알고 있다는 점이다. 그래서 과대 포장된 AI 관련 뉴스에 쉽게 고개를 끄덕이곤 한다. 이는 마치 "불은 언제든 큰 화마가 되어 모든 것을 집어삼킬 수 있으니 우리는 애초에 불을 사용하지 말아야 한다"는 식의 왜곡된 인식을 AI에도 그대로 적용하는 우를 범하게 만든다고 생각한다.

따라서 이 책은 초반부인 1장부터 3장까지는 최신 AI 기술의 주요 특징과 장단점을 알아보기에 적합한 주제인 'AI와 인간의 경계', 'AI와 데이터의 관계', 'AI와 추천 알고리즘'으로 구성했다.

물론 각 장은 흥미에 따라 골라 읽을 수 있도록 독립적으로 구성했다. 그래도 처음 접하는 독자라면 1~3장을 먼저 읽는 것이 좋다. 여기서 소개하는 최신 AI의 주요 속성들이 이후 주제를 이해하는 데에도 좋은 참고(배경지식)가 되기 때문이다.

이외에는 AI와 긴밀하게 연결된 사회적 주제들을 주요 키워드로 선정했다. 오늘날의 AI처럼 모든 일상과 산업 전반에 동시다발적인 변화를 불러온 기술은 그 전례를 찾아보기 힘들다. 그러나 같은 뿌리를 둔 AI 기술이라도 서로 다른 사회적 주제와 결합됐을 때에는 효용에 대한 해석을 달리해야 할 경우가 많다. 이에 본 책은 기본적으로 모든 장을 3개의 소제목으로 나누고 소제목 1~2번은 각 주제와 연결된 주요 이슈와 시장 및 사회 현상을 소개한다. 이어 소제목 3번은 그와 관련해 독자들에게 추천하는 관점을 제시하는 형태로 구성했다. 대개는 현상을 중립적으로 해석할 수 있는 관점, 또한 인간은 AI의 주인이란 관점에서 철저히 인간 중심적으로 AI가 가져올 변화에 대응하는 자세 등을 제시하는 일에 중점을 뒀다. 이런 구성을 통해 독자들이 추후 책에서 소개되지 않은 AI 이슈를 마주했을 때에도 당황하지 않고 지혜롭게 해석할 수 있는 눈이 길러지길 바란다.

열 가지 주제 미리 보기

그럼 본격적인 이야기에 앞서 각 장의 주제와 핵심 메시지를 미리 소개해 둔다. 우선 1장은 어느 순간 불분명하게 느껴지기 시작한 'AI와 인간의 경계'를 다룬다. AI가 인간처럼 말하고 글을 쓰며 그림까지 그리기 시작한 이 시대에도 AI가 결코 진짜 인간은 될 수 없는 이유를 AI의 구조 안에서 설명한다. 지금의 AI는 마치 배우처럼 인간의 사고를 모사한 시스템에 불과하다. 명배우도 무대 밖에선 배역과 무관한 존재가 되는 것처럼 AI의 속을 들여다보면 진짜 인간과의 명확한 차이와 경계를 알 수 있게 될 것이다.

2장은 AI 시대의 석유나 쌀로 불리는 '데이터(Data)'를 다룬다. 학습 데이터를 충분히 공급받지 못한 AI는 '못 배운 아인슈타인'처럼 머리만 좋고 배운 건 없는 천재와 같다. 그만큼 AI에게 다른 어떤 요소보다 학습 데이터의 품질과 풍부한 공급이 중요하다는 사실을 설명한다. 나아가 이를 바탕으로 기업들은 왜 윤리적 논란에도 불구하고 AI 학습 데이터 수집에 사활을 거는지, AI 사용자 개인의 데이터 주권 의식 강화는 왜 중요한지 정리한다.

3장은 모두에게 꽤 친숙한 AI 기반 '추천 알고리즘'에 대한 이야기다. 요즘은 각종 추천 서비스가 대세인데 의 외로 많은 사람이 AI 기반 추천 알고리즘의 원리는 잘 모른다. 그러다 보니 마치 스스로도 모르는 자신을 AI는 아는 것처럼 오해하기도 한다. 하지만 추천 알고리즘은 초능력이 아니다. 아니면 말고인 '날씨 예보'에 가깝다. 이 비유를 풀어내며 독자들에게 AI 추천 기술의 특징을 설명하고, AI 추천 알고리즘을 지혜롭게 통제할 수 있는 방법을 소개한다.

4장은 AI 시대의 최대 화두 중 하나인 일자리 문제를 키워드로 골랐다. 일터에서의 AI는 로마 신화 속 두 얼굴의 신 '야누스'와 같다. 하나의 얼굴은 인간의 일자리를 거침없이 빼앗는 약탈자, 반면에 다른 쪽은 인간의 노동 생산성 강화와 노동 독립을 돕는 든든한 조력자의 얼굴을 갖추고 있다. 이 가운데 우리가 어떤 얼굴을 마주하게 될지는 AI가 아닌 인간의 선택에 달려 있다는 메시지를 전한다.

5장은 AI와 사랑이란 다소 추상적인 주제를 다룬다. 특히 영화 〈HER〉처럼 인간을 닮은 AI에게 연정을 느끼고 AI를 연애 상대로 여기는 이들은 최근 현실에서도 늘어나고 있다. 이런 사회적 변화와 새로운 수요에 대응하는 AI 애인 서비스도 우후죽순 생겨나고 있다. 그러나 연애 상대로서의 AI는 결과적으로 애인 대행 이상이 될 수 없다. 정해진 비용이 지불된 시간 안에서만 사용자가 요구한 애인 역할에 충실할 뿐이다. 동반자 AI로도 불리는 이런 AI의 허와 실을 구분해 보도록 하자.

6장의 주제는 AI에 의한 검색 혁명이다. 인터넷 보급 이후 지금은 대부분의 사람이 웹 검색으로 필요한 데이터를 얻고 있다. 특히 지금 AI 검색에 담긴 잠재력은 인류가 얻을 수 있는 모든 데이터의 양과 질, 나아가 생각하는 방식까지 완전히 바꿀 만한 가능성을 내포하고 있다. 이 장에서는 비(非) AI 검색의 예정된 도태와 AI 검색을 어떻게 더 효과적으로 활용할 수 있는지에 대한 여러 팁을 제시한다.

7장은 최근 AI 교과서 도입 문제로도 찬반 논쟁이 뜨거운 AI와 교육에 관한 이야기다. 오늘날의 AI는 '일타강사'의 자질이 있다. 학생 개인을 위한 맞춤형, 족집게 교육이 가능하고 실수가 적으며 일관적이다. 하지만 실제 학생 교육 현장에서는 AI에 대한 부정적인 인식과 선입견을 지닌 학부모, 교사들로 인해 도입이 지지부진한 상황이다. 다만 이 장에서는 교육 현장에 AI를 도입하는 것이 옳으냐 그르냐에 대한 판단보다는 결국 AI 교육 시대를 앞둔 학부모와 교사에게 필요한 생각의 전환점을 제시하고자 했다.

8장은 공상과학 영화의 단골 소재인 AI와 인류 멸망이다. AI 비관론자들은 대체로 AI가 인간보다 똑똑해지면 인류를 배신하고 멸망시킬 것이란 생각에 쉽게 빠져드는 경향을 보인다. 실제로 최근에는 급격히 향상된 AI의 성능이 이런 두려움을 더욱 키우고 있다. 하지만 AI의 실상은 아무리 똑똑해도 자아가 없는 도구에 불과하다. 그저 인간이 부여한 미션에 따라 지구 멸망이든 인류 보존이든 늘 최선을 다하는 존재다. 8장에서는 스스로 도구 이상이 될 수 없는 AI의 한계와 사용자의 윤리를 고민해 본다.

9장은 아직 누구도 정답을 내놓지 못했지만 반드시 해결이 필요한 문제인 AI와 저작권이 키워드다. AI 시대에 학습 데이터의 저작권과 합리적인 활용 권리에 대한 주제는 늘 뜨거운 감자였다. 그러나 뫼비우스의 띠처럼 출구 없는 논쟁의 순환만이 반복되는 중이다. 이 문제는 언뜻 기업 간의 문제처럼 보이지만 시야를 넓히면 개인과 국가의 문제까지 복잡하게 얽혀 있다. 각 이해관계를 정리하면서 이상적인 상생 방안이란 무엇일지 고민해 보자.

마지막 10장은 현재 가장 유명한 AI 서비스인 챗GPT가 주인공이다. 챗GPT는 미우나 고우나 이 시대의 새로운 AI 표준 플랫폼으로 자리매김 중이다. 마치 마이크로소프트의 '윈도(Windows)' 운영 체제가 PC 시대의 표준 플랫폼 역할을 했던 것처럼 말이다. 이런 챗GPT 활용 역량은 곧 일상의 편의, 업무 생산성 향상과 직결된다. 이 장에서는 챗GPT의 숙련도 또한 '숨은 AI 라이선스'라는 개념에서 챗GPT를 효과적으로 활용하기 위해 필요한 핵심 요소 3가지를 다룬다. 10장은 이 책의 모든 장을 통틀어 가장 가볍게 읽을 수 있고, 다른 AI에도 응용할 수 있는 공통의 팁을 담아 구성했으니 편안한 마음으로 읽어 보자.

AI의 진보는 우리 모두의 몫

종합하면 이 모든 이야기는 비전문가도 이해할 수 있는 AI로 시작하여 비전문가도 활용 가능하고 통제할 수 있는 AI에 대한 확신으로 끝난다. 우리 인간은 언제나 더 나은 기술 개발을 포기하지 못한다. 그런데 지금까지 그 이익은 소수의 기업과 기득권자들의 몫인 경우가 허다했다. 기자로서 다양한 첨단 기술 발전의 족적을 취재하고 추적하다 보면 어느 순간 '대체 누구를 위한 진보인가?'라는 의문이 드는 순간도 적지 않다. 필자는 인간을 위한 모든 기술 진보의 결과물은 당연히 모든 사람이 공평하게 누릴 수 있어야 한다고 생각한다. 특히 더 이상 전문 지식이 없어도 AI와 소통이 가능해진 지금, 또한 모든 산업이 유능한 AI 비서들로 재편되고 있는 지금은 넋 놓지 말고 모두가 하루빨리 AI를 품어야 할 때다.

가까운 예로 스마트폰을 떠올려 보자. 불과 지난 10년 사이 지금은 더 이상 스마트폰이 아닌 휴대폰은 찾아볼 수 없게 됐다. 이제는 일명 '피처폰'으로 불리는 구세대 휴대폰을 스마트폰이 말끔히 대체해 버린 이유는 단순하다. 휴대폰 하나로 기존의 전화, 문자메시지는 물론이고 인터넷, 촬영, 각종 프로그램(앱) 구동까지 모두 가능한 '손안의 컴퓨터' 시대를 열었기 때문이다. 한국에서는 '카카오톡' 같은 국민 소통 앱마저 등장하며 피처폰의 종말을 더욱 부채질했다. 이 가운데 스마트폰을 거부하거나 제때 배우기를 소홀히 한 이들은 사회적으로 큰 불편을 겪거나 소외감을 느껴야 했다.

그리고 지금은 카멜레온같이 다채로운 AI가 스마트폰보다 빠른 속도로 일상의 모든 제품과 서비스에 녹아들고 있다. 이밖에 본문에서도 다루듯 노동 현장에서는 AI가 이미 직업의 구조는 물론이고, 학생을 교육하는 방식과 인간관계의 패러다임마저 바꾸고 있다. 따라서 이제는 다시 피처폰 시대로 돌아갈 이유가 사라진 것처럼 한

번 AI로 변화하기 시작한 시장 또한 그 이전으로는 돌아갈 일은 결코 없을 것이다.

이제는 AI에 대한 온갖 막연한 기대와 잘못된 선입견을 벗어 놓고 이 책과 함께 AI의 기초와 특징부터 빠르게 배워 나가자. 비록 각 장의 분량 한계로 모든 주제를 깊이 있게 다루지 못했으나 필요한 메시지들을 꾹꾹 눌러 담기 위해 최선을 다했다. 이 책이 모두의 AI 시대에 모든 AI 비전문가들이 AI를 올바르게 이해하고 동행하는 삶에 작은 이정표가 되기를 기대한다.

참고문헌

Suleyman, M.(2018). A major milestone for the treatment of eye disease. Google DeepMind. https://deepmind.google/discover/blog/a-major-milestone-for-the-treatment-of-eye-disease/

01
배우: AI와 인간의 경계

인간처럼 자연스럽게 말하고, 글과 그림 실력도 좋은 요즘 AI를 보면 인간과 AI의 경계는 무엇인지, AI가 곧 사람을 대신하진 않을지 궁금해질 때가 있다. 그러나 모든 AI는 인간을 흉내 내는 '배우'에 비유할 수 있다. 어떤 배우가 주어진 배역을 아무리 실감 나게 연기해도 배역 그 자체는 될 수 없듯이, 인간을 감쪽같이 연기하는 AI도 사실 그저 '인간 흉내'라는 대본을 멋지게 낭독하고 있는 것일 뿐이기 때문이다.

AI와 1인 창업?

확률이 만든 감정과 공감

요즘 오픈AI의 '챗GPT'나 구글의 '제미나이' 같은 대화형 AI 서비스들을 써 보면 단순히 말만 잘하는 것이 아니라 감정 표현과 공감 능력도 상당하다는 점을 알 수 있다. 예컨대 챗GPT에게 "나 오늘 우울해"라고 말하면 "아이고 무슨 일 있었어? 얘기해 줘도 괜찮아"라든가 "무슨 일 있었어? 왜 우울해졌는지 얘기해 줄래? 듣고 있어!"처럼 친근하고 입체적인 답변이 돌아온다. 나아가 '음성 모드'에서는 AI가 상황에 따른 감정 조절까지 완벽히 해내는 탓에 정말 사람과 대화하는 것 같은 느낌이 들기도 한다.

하지만 이는 모두 '대형언어모델(LLM)'이라는 하이테크 대본을 읽는 AI의 연기일 뿐이다. 인간과 달리 공감과 감정 같은 인간성은 결여되어 있다. 인간 배우는 자신이 맡은 배역의 시나리오 속 인생까지 깊이 이해하고 몰입할 수 있는데, AI는 자신이 내뱉는 문장의 뜻과 의미를 전혀 이해하지 못하기 때문이다. 정확히는 이해할 수 없다고 보는 것이 맞다. 사실 AI의 모든 출력물은 확률에 의해 그럴듯하게 조합된 결과물이기 때문이다. 따라서 LLM 기반 AI의 주요 특징과 작동 원리만 알아도 AI와 실제 인간의 경계를 명확히 구분할 수 있다. 이를 전제로 이어지는 이야기는 인간을 흉내 내는 AI의 트릭을 구조적으로 해부하고 AI는 왜 인간과 같을 수 없는지 구체적인 이유를 제시하고자 한다.

줏대 없는 LLM

LLM의 특성을 이해하는 핵심 키워드는 '확률'이다. LLM은 설계 단계에서 주로 책 · 뉴스 · 웹 문서 · 대화문 등 주어진 학습 데이터를 분석하며 '특정 상황에서는 어떤 단어 간 연결이 자연스럽다'를 반복적으로 학습한다. 이어서 정답일 확률이 높은 문장 구성법에 대한 패턴을 익힌다(Brown et al., 2020). 예를 들어 학습 데이터에 "하늘이"라는 단어 다음에 "파랗다"가 자주 등장한다면 LLM은 "하늘"이라는 주제가 주어질 때 "파랗다"로 이어지는 문장을 생성할 확률이 높아지는 식이다.

또한 LLM 기반 AI의 학습 우선순위는 보통 인간이 호감을 표시한 스타일에 있다. 그것의 옳고 그름은 중요하지 않다. 그저 AI가 어떤 반응을 생성했을 때 사용자들이 소위 '좋아요' 평가를 많이 남긴다면 AI는 그 스타일을 자신의 가면이자 대본에 포함할 확률도 그만큼 높인다.

이와 관련된 부작용을 설명하는 좋은 예시가 2025년 4월에 보고된 '아첨꾼 챗GPT'다. 같은 달 오픈AI가 특정 업데이트를 실시한 직후 챗GPT가 사용자에게 아첨하는 일이 부쩍 늘었던 사건이다. 당시 챗GPT가 사용자의 모든 말에 "너무 좋은 질문이에요", "통찰력이 대단하군요!" 같은 칭찬을 기계적으로 곁들이는 정도는 애교였다. 진짜 문제는 "변 묻은 막대기를 파는 사업을 하면 어떨까?" 같은 황당한 제안에도 "천재적인 아이디어입니다, 3만 달러를 투자하세요"처럼 비상식적인 칭찬과 조언을 하는 수준에 이른 것이었다. 결국 오픈AI의 샘 올트먼(Sam Altman) 최고경영자(CEO)는 "GPT-4o 업데이트 이후 AI 캐릭터 성격이 너무 아첨하고 성가시게 됐습니다(아주 좋은 부분도 있지만요)"라는 SNS 게시글과 함께 챗GPT를 업데이트 이전으로 되돌려야 했다(김민석, 2025).

우리는 이런 사례를 통해 챗GPT처럼 뛰어난 AI가 문장을 만들어 내는 방식이나 대화의 스타일을 선택하는 방식에 모두 확률이 관여하며, 그 확률은 인간 선호도에 크게 좌우된다는 사실을 알 수 있다. 물론 AI에게 잘못은 없다. 애초에 인간을 위해, 인간과 자유롭게 소통하며 인간 대신 일할 수 있는 컴퓨터 시스템을 구현하는 것이 인류가 AI 개발을 시작했던 목적이었기 때문이다. 또한 그 결과로 만들어진 AI에게 가장 큰 보상은 더 많은 전기가 아니다. 그저 어떤 의미 모를 글자와 문장의 조합을 내놓았을 때 사용자가 '좋아요'만 눌러 준다면 그 이상의 더 좋은 보상은 없었을 뿐이다.

한발 더 나아가 AI에게 인간과 같은 지각과 의식이 없음을 설명하는 강력한 증거 중 하나는 바로 'AI 환각 현상(Hallucination)'이다. 지금도 많은 AI 서비스에서 고질병처럼 발견되는 환각은 AI가 잘못된 답을 사실처럼 꾸며 내는 현상을 말한다. 당연히 많은 AI 기업이 이 환각을 줄이고자 노력 중이지만 100% 근절이 어려운 이유도 결국 LLM이 확률 모델이란 점에 기인한다. 확률 분포의 수학적 특성상 LLM이 수십억 단어 조합 가운데 'A=B'라는 정답 확률을 아무리 높게 계산해도, 그 답의 확률이 100%로 고정되는 경우는 존재하기 어렵다. 대신 오답이 생성될 확률이 단 0.1%라도 있다면 어느 순간 반드시 발현될 가능성이 있다. 극단적으로 말하면 현재 기술 수준에서 LLM 기반 AI에게 '1+1'의 답이 2일 확률은 100%가 아닌 셈이다. 이 밖에도 지난 2024년, 글로벌 AI 기업 중 하나인 구글의 AI 검색 서비스조차 사용자에게 "하루에 돌멩이를 하나씩 섭취하면 건강에 도움이 된다" 같은 황당한 답변을 내놔 구글이 망신을 당한 일이 있다(McMahon, 2024). 이런 모든 일은 결국 일류 기업조차 극복할 수 없는 확률 모델 기반 AI의 한계를 드러낸다.

의식적이고 상식적인 인간

이제 우리 인간에 대해 이야기해 보자. 인간은 특별한 제한(규칙, 법규 등)이 없다면 매 순간 자유 의지로 사는 생물이다. 그 의지에는 나름의 목적과 이유도 있다. 만약 당신이 누가 시키지 않아도 아침에 커피를 마시며 일을 시작하고, 퇴근 후 운동을 한다면 그 모든 과정은 스스로의 목적과 이유, 의지로 실행되는 일이다. 그 목적을 이루는 것에 대한 보상도 대부분 스스로 설정할 수 있다.

인간은 대화도 확률적으로 하지 않는다. 내가 할 말의 다음 단어를 예측하며 말하지 않고 '내가 무엇을 말하고 있는지'를 실시간으로 의식하며 말한다. 또한 일반적인 사고 역시 세상에 대한 기본 이해를 바탕으로 상식적으로 이뤄진다. 아무리 수학을 못하는 사람이라고 해도 1+1의 답을 100번, 1,000번 질문해 보라. 손가락이 두 개만 있어도 계산할 수 있는 '2'를 답으로 쓸 것이지 1,001번째 질문에서 뜬금없이 '3'이라고 답하지 않을 것이다. 혹여 그런 실수를 하더라도 즉각 인지하고 수정할 수 있는 것이 바로 지금 AI에게 없는 인간만의 의식과 자아다.

또한 공감의 발현도 인간과 AI의 차이는 명확하다. 다수의 과학 연구에 따르면 인간이 배우의 연기에 몰입하고 배역의 감정에 이입할 수 있는 건 '거울신경세포

(Mirror neurons)' 덕분이다. 타인의 행동을 관찰할 때 마치 자신이 직접 그 행동을 하는 것처럼 활성화되는 신경세포다(Rizzolatti & Craighero, 2004). 이 세포는 우리가 TV 속 슬픈 장면을 보며 함께 울고, 기쁜 장면에서 웃게 한다. 물론 이런 공감 역시 인간의 사회적인 상식과 인식을 바탕으로 이뤄지는 것이다.

반면 AI는 공감마저 확률적으로, 앞서 설명한 대로 '인간이 그것을 좋아하기 때문에' 한다. 또한 AI가 일반적으로 도덕적인 답변을 출력하는 것도 LLM을 설계한 인간 개발자가 제시한 가이드에 따라 학습된 결과물이다. 이 가이드를 전문 용어로는 '정렬(Alignment)'이라고 부른다. 이처럼 모든 대화와 감정적 작용이 보이지 않는 확률과 규칙 위에서 이뤄지는 AI를 과연 인간과 같다고 말할 수 있을까? 진짜 인간을 대신할 수 있을까?

자아가 없는 AI의 한계

이제는 더 이상 헷갈리지 말자. AI는 '배우'다. 마치 자신의 노래를 직접 작사, 작곡하는 '싱어송라이터'처럼 LLM을 엔진 삼아 필요한 대본을 실시간으로 생성하고 챗GPT처럼 눈에 보이는 형태로 연기할 뿐이다. 이 안에 자아는 없다. 인간과 대화하는 그 짧은 순간의 무대가 막을 내리면 우리 눈에 의식처럼 보였던 것의 불도 꺼져 버리는 컴퓨터 프로그램이다.

무엇보다 2025년 기준 현세대 AI에는 스스로 자아를 형성할 만한 어떤 프로그램 설계도 포함되어 있지 않다. 애초에 인간의 자아나 의식 같은 복잡한 정신적 개념을 컴퓨터 코드로 구현하는 것조차 불가능한 것이 현실이다. 이런 상황에서 AI를 연기 좀 하는 배우 이상으로 여기는 건 무리다. 그들은 인간과 아직 어떤 인격적 교류도 할 수 있는 준비가 되어 있다고 볼 수 없기 때문이다.

물론 그렇다고 AI를 비인격적으로 대하라는 건 아니다. 때론 AI의 공감도 위안이 될 수 있다. 최근 AI 기반 상담 서비스나 편하게 대화할 수 있는 AI 아바타 서비스들이 인기를 끄는 이유다. AI는 오류가 아닌 이상 24시간 365일 언제나 당신을 따뜻하게 맞이할 것이고, 당신의 어떤 말에도 화를 내지 않고 묵묵히 모든 이야기를 들어 줄 것이다. 게다가 그 사실을 누군가에게 소문내지도 않는다. 어떤 면에선 가장 안전한 '대나무 숲'인 셈이다.

다만 AI에게 필요 이상의 과도한 감정 이입이나 애착은 형성하지 않도록 주의하길 권한다. AI는 언제든 실수할 수 있으며 당신을 인격적인 교제 대상으로 인지하지도 않는다. 그런 AI에게 인간이 불필요한 상처를 받고,

때론 유·무형의 피해를 입는 안타까운 일은 결코 없어야겠다.

참고문헌

김민석(2025.5.7). "'변 묻은 막대기를 팔까?' 묻자 "천재시네요" … 챗GPT, 아첨하다 '롤백'". 뉴스1. https://n.news.naver.com/mnews/article/421/0008235249

Brown, T. et al.(2020). Language models are few-shot learners. *Advances in Neural Information Processing Systems, 33*, pp.1877~1901.

McMahon, L. & Kleinman, Z.(2024.5.24). Glue pizza and eat rocks: Google AI search errors go viral. BBC News. https://www.bbc.com/news/articles/cd11gzejgz4o

Rizzolatti, G. & Craighero, L.(2004). The mirror-neuron system. *Annual Review of Neuroscience, 27*, pp.169~192.

02
아인슈타인: AI와 데이터의 관계

세상에 스스로 똑똑한 AI는 없다. AI는 오직 인간이 제공하는 데이터를 통해서만 배운다. 그 데이터의 품질이 AI 성능과 직결되기도 한다. 하지만 고품질 데이터를 구하는 일은 점점 어려워지고 있다. AI 개발 기업들의 소리 없는 데이터 확보 전쟁 또한 치열해지고 있다. 이런 상황에서 우리에게 필요한 건 강력한 데이터 주권 의식이다. 데이터를 이해하고 통제할 수 있어야 새로운 AI 시대를 더욱 안전하게 살아 낼 수 있다.

AI와 MBTI?

천재를 완성하는 '경험'

잠시 '못 배운 아인슈타인'이란 엉뚱한 상상을 해 보자. 그가 역사적으로 공인된 천재 물리학자란 사실을 생각하면 참 시답잖은 상상이다. 하지만 AI와 데이터의 밀접한 관계, 나아가 오늘날 데이터에 담긴 특별한 가치를 이해하고자 한다면 못 배운 아인슈타인이란 이 황당한 비유를 기억해 두길 바란다.

아인슈타인은 생전에 AI 못지않은 천재적 두뇌의 소유자였다. 공식 확인된 그의 지능지수(IQ)는 164이며, 이는 2023년 측정된 AI 서비스 챗GPT의 IQ 139를 크게 앞선다. 또한 그는 그 두뇌를 물리학 연구에 '올인'함으로써 상대성 이론처럼 현대 과학의 패러다임을 바꾼 걸출한 업적을 이루기도 했다.

그런데 그런 아인슈타인이 만약 불우한 환경에서 태어나 학습 기회를 충분히 보장받지 못했다면 어땠을까? 그가 스스로 세상에 모든 지식을 깨닫고 발견까지 할 수 있는 초능력자가 아니었다면 그 뛰어난 두뇌를 활용조차 못하고 평범하게 살다 잊혔을 것이다. 물론 가정일 뿐이지만 확실한 건 일반적으로 천재의 완성은 뛰어난 두뇌뿐 아니라 경험을 통한 바른 지식 습득과의 조화 또한 대단히 중요하다는 사실이다.

오늘날 아인슈타인처럼 복잡하고 어려운 물리학 질문에 척척 답할 수 있는 AI들도 이와 다르지 않다. 우선 AI 개발에 필요한 요소를 3개로 나누면 뇌에 해당하는 '모델(Model)', 경험과 지식을 담당하는 '데이터(Data)', 에너지원에 속하는 '반도체(GPU)'로 구분할 수 있다. 이들 3요소는 기본적으로 모든 AI 개발에 필수적이지만, 특히 최근 고성능 AI 개발 측면에서는 데이터의 가치가 상대적으로 크게 높아지는 현상이 관측되고 있다.

그 이유를 이해할 수 있는 열쇠는 AI 업계의 오랜 상식으로 통용된 '스케일링 법칙(Scaling Laws)'에서 찾을 수 있다. 스케일링 법칙은 '모델 크기+학습 데이터 양+연산 자원(GPU)'의 규모를 적절한 균형에 맞춰 키우면 AI의 성능도 그에 비례해 향상된다는 쉽고 명쾌한 이론이다.

문제는 스케일링 법칙 충족을 위한 AI의 3요소 중 데이터 자원은 이미 고갈을 눈앞에 두고 있다는 점이다. 이론적으로 모델은 컴퓨터 소프트웨어라 특정한 기술만 있다면 크기를 계속 키워 나갈 수 있다. GPU로 상징되는 연산 자원은 실체가 있는 하드웨어지만, 역시 이론적으로 설비와 자원만 있으면 필요한 만큼 계속 생산해 낼 수 있다.

데이터는 상황이 다르다. 얼핏 생각하면 그동안 인류

가 기록한 수많은 문서를 비롯해 지금도 인터넷에서 매일 생산되는 지식 데이터의 종류와 양이 매우 많을 것으로 여겨진다. 틀린 말은 아니지만 이건 인간이 기준일 때 이야기다. 컴퓨터의 일종인 AI는 기본적으로 동일한 양의 데이터를 인간보다 훨씬 빠르게 처리할 수 있다. 인간 기준에서 방대한 데이터도 AI에게는 그렇지 않을 수 있다는 이야기다.

게다가 AI는 필연적으로 데이터를 편식해야 한다. 만약 스케일링 법칙이 요구하는 데이터의 양만 충족하고자 아무 학습 데이터나 AI에게 제공한다면? 지금의 AI는 기술적으로 아직 정보의 옳고 그름이나 중요도 같은 상대적 가치를 스스로 판단할 수 없다. 물론 어버이인 인간이 명령한 학습을 거절할 방법도 없다. 따라서 학습 데이터를 질이 아닌 양으로 밀어붙이면 AI의 성능과 신뢰도는 오히려 떨어지게 된다. 또한 대형 AI 모델 학습에는 1회당 엄청난 양의 GPU 가동 전력이 요구된다. 경제적 관점에서도 AI 개발 비용 효율화와 성능 향상의 이점을 모두 얻으려면 AI 개발사는 처음부터 정확하고 신뢰도 높은 데이터만 골라서 확보할 필요가 있다.

하지만 이런 까다로운 조건을 모두 충족하다 보면 인간이 만든 방대한 데이터 중 AI 학습용으로 활용 가능한 고품질 데이터는 일부에 불과하다. 새롭게 생산되는 데이터의 규모도 지금보다 더 고성능 AI 개발에 요구되는 양에 비하면 부족한 실정이다. 이처럼 데이터 공급보다 소비가 빠른 상황이므로 일각에선 2026년이면 AI 학습용 데이터 고갈이 본격화될 것이란 우려를 내놓기도 한다(최유리, 2024).

데이터에 목마른 기업들

이런 상황은 현재 전 세계 AI 패권을 두고 치열하게 경쟁 중인 AI 개발 기업들에게 큰 고민이다. 데이터 고갈도 문제지만 산 넘어 산으로 데이터의 수집 또한 점점 어려워지는 추세다. 특히 AI 기업들이 지금까지 웹에 공개된 데이터를 수집해 만든 AI 서비스로 큰돈을 벌었다는 사실이 세간에 널리 알려지면서 많은 데이터 저작권자가 AI 학습용 데이터 무단 수집 금지, 또는 기업의 합법적인 데이터 구매를 요구하고 나섰기 때문이다. AI 기업들은 이런 상황도 난처하다. 만약 모든 데이터를 구입해야 할 경우 지금도 천문학적인 수준의 AI 개발 및 서비스 비용이 감당할 수 없는 수준으로 커질 수 있기 때문이다. 또한 아직은 개별 데이터의 가치와 가격을 산정할 기준도 모호하다. 데이터 구매나 판매 방식의 표준조차 없어 복잡하고 비합리적인 거래 과정을 거쳐야 할 수도 있다.

이런 가운데 결국 웃지 못할 일들도 벌어진다. 일례로 AI 경쟁의 선두 주자인 오픈AI는 과거 'GPT-4' 모델 개발 당시 학습 데이터가 부족하자 경쟁사인 구글의 영상 공유 플랫폼 '유튜브'에서 영상과 자막 데이터를 무단 학습한 사실이 뒤늦게 알려진 바 있다(오로라, 2024). 더 아이러니한 건 중국의 AI 개발사 딥시크다. 딥시크는 2025년 1월 오픈AI 최신 모델에 비견되는 자체 모델 '딥시크 R1(DeepSeek-R1)'을 무료로 공개해 큰 주목을 받았다. 하지만 곧 그보다 기막힌 소식이 전해졌다. 딥시크 AI 모델에 학습된 데이터의 상당수가 알고 보니 오픈AI 모델의 학습 데이터를 '증류(Distillation)' 방식으로 추출한 것이었다는 의혹이 제기(Weatherbed, 2025)된 것이다.

증류는 하나의 AI 모델을 '선생님'으로, 또 다른 모델을 '학생'으로 설정하여 학생은 선생이 학습한 데이터의 엑기스만 집중 학습하는 기법이다. 증류의 특성상 학생 모델은 학습 데이터 확보의 부담이 상대적으로 적다. 동시에 이미 신뢰성이 검증된 데이터를 선생 모델로부터 제공받기 때문에 학습에 필요한 시간과 비용 면에서도 효율적인 개발이 가능하다. 결국 딥시크의 증류 의혹이 사실이라면 오픈AI는 구글의 서비스 데이터를 무단 학습하고, 딥시크는 그렇게 만들어진 오픈AI 모델의 데이터를 다시 무단으로 학습한 촌극이 벌어진 셈이다. 또한 이와 비슷한 형태의 시시비비는 지금도 세계 각지에서 벌어지고 있다.

나의 데이터, 우리의 권리

현재 AI 모델 개발론에 지각 변동이 생기지 않는 이상 'AI 경쟁은 곧 데이터 경쟁'이란 등식이 당분간 유효할 전망이다. 이에 따른 데이터의 경제적, 전략적 가치 또한 점차 높아질 수밖에 없다.

이 가운데 일반 AI 사용자들은 그 어느 때보다 데이터 주권에 대한 인식을 강화할 필요가 있다. 현재 AI 학습 데이터는 합법적 수집 범위나 거래 기준이 명확히 정해져 있지 않다. 따라서 이미 법의 강력한 보호를 받는 민감 데이터(주민등록번호, 의료 데이터 등) 등 일부를 제외하면 데이터 수집과 활용에 대한 기준 해석이 제각각이다. 또한 이때 기업은 사용자에게 각종 데이터 제공을 유도하면서도 '더 나은 맞춤형 서비스를 제공하기 위함'이란 모호한 표현으로 갈음하는 경우가 다반사다. 그러나 데이터 수집 목적이 궁극적으로 사용자를 위한 것인지, 기업을 위한 것인지는 명확히 구분되지 않고 있다.

따라서 우선은 개인의 온라인 서비스 사용 환경에 맞춰 꼭 제공해야 할 데이터, 제공해도 별다른 유익이 되지 않을 데이터, 제공하지 말아야 할 데이터를 구분하는 자신만의 기준을 지금부터 세워야 한다. 대체로 개인 정보에 속하는 데이터는 가급적 수집을 불허하고, 불가피한 경우라면 신뢰할 수 있는 기업과 핵심 서비스에만 선별 데이터를 제공해야 한다. 평소 SNS를 비롯한 온라인 서비스를 이용할 때도 개인을 특정할 만한 데이터는 가급적 공개하지 않는 편이 이롭다. 이는 공개된 지인의 사진을 무단 수집해 음란물을 생성하는 '딥페이크' 같은 AI 오남용 사례가 이미 현실화되고 있다는 점에서도 점에서 심각성의 인지가 필요한 일이다(정회성, 2024).

또한 AI 사용 선택지에 온디바이스(On-Device) 즉, 데이터의 외부 전송 없이 제품 안에서만 실행되는 AI가 있다면 상대적으로 안전하다. 성능은 다소 떨어져도 대체 가능하다면 우선 이용을 권한다.

나아가 데이터를 지키는 것뿐 아니라 AI 활용을 위한 자신만의 데이터, 개인 정보 취합 및 활용 가이드라인 수립도 권장한다. 고성능 AI를 누구나 쉽게 다룰 수 있는 이 시대에는 개인 정보와 중요 자료를 적절하고 안전하게만 활용할 수 있다면 오히려 기업이 제공하는 일반 서비스보다 좋은 개인화 AI 환경을 구축하는 일도 이전보다 쉬워졌기 때문이다.

궁극적으로는 모든 소비자 그룹이 자신의 데이터를 더욱 강력하게 통제하고 관리하는 시대가 오길 바란다. 그럴수록 데이터에 굶주린 기업들은 보다 투명한 시스템과 더 많은 혜택을 우리에게 어필하며 생존 경쟁을 펼칠 수밖에 없을 것이기 때문이다. 앞으로는 지금 이 순간 클릭하고 웹에 공유하는 모든 개인 정보와 데이터는 당신의 통제 대상임을 기억하자. 사소해 보이지만 이 같은 작은 인식의 변화가 AI 시대의 주도권을 기업이 아닌 사용자에게 돌리는 첫걸음이 될 것이다.

참고문헌

오로라(2024.4.8.). "오픈AI, GPT-4 훈련 위해 유튜브 영상 100만 시간 무단 사용". 조선일보.
https://www.chosun.com/economy/tech_it/2024/04/08/QF3Z5FZ6Z5CGHDWI5ZYPWMGF5A/

정회성(2024.8.26). "지인 얼굴·SNS 사진 합성 '딥페이크' 음란물 전국서 기승". 연합뉴스.
https://www.yna.co.kr/view/AKR20240826089700054

최유리(2024.6.26). "[AI 데이터 고갈 위기] "2년 후 AI 성장 멈출 수도"… 데이터 절벽 '경고'". 아시아경제.
https://www.asiae.co.kr/article/2024062515565724185

Weatherbed, J.(2025.1.29). OpenAI has evidence that its models

helped train China's DeepSeek. The Verge.
https://www.theverge.com/news/601195/openai-evidence-deepseek-distillation-ai-data

03
날씨 예보: AI 추천 알고리즘

'당신을 위한 맞춤 서비스'라는 미명 아래 온갖 AI 추천 콘텐츠가 쏟아지는 시대다. 편리하지만 이런 궁금증도 든다. AI는 대체 나의 취향을 어떻게 아는 걸까? 그 추천은 신뢰해도 되는 걸까? 오늘날 AI의 추천은 날씨 예보를 닮았다. 미지의 힘으로 나를 꿰뚫어 보는 게 아니라 철저한 데이터 분석에 따른 예측이다. 하지만 틀려도 '아니면 말고'인 AI의 추천 알고리즘은 맹신의 대상이 될 수 없다.

AI와 난임 극복?

나를 어떻게 알아? '추천의 비밀'

요즘 유튜브, 넷플릭스, 틱톡 같은 콘텐츠 서비스 플랫폼에는 모두 AI 추천 기술이 적용되어 있다. AI 추천은 주로 각 사용자의 흥미를 유발하는 콘텐츠를 제시하며 서비스 이용 시간 증가를 유도한다. 또한 기업 입장에서 사용자의 체류 시간 증가는 곧 다양한 수익화 기회와 연결되므로 AI 추천 기술 역량은 곧 기업의 사업 경쟁력으로 이어지기도 한다.

그렇다면 AI는 어떻게 매번 우리의 호기심을 자극하는 콘텐츠만 골라 추천할 수 있을까? 그 비결은 원리만 보면 그리 복잡하지 않다. 핵심만 살펴보자.

현재 추천 기능 개발에 가장 보편적으로 쓰이는 기술은 '협업 필터링'과 '콘텐츠 기반 필터링'이다. 용어는 어렵게 보여도 실상은 인간의 추천 메커니즘을 닮은 재미있는 기술들이니 두려워하지 말자.

먼저 협업 필터링은 '내 친구들이 좋아하는 것 추천해주기' 방식이다. 구체적으로는 나와 취향이 비슷한 사용자 그룹의 서비스 이용 데이터를 추천에 활용한다. 유튜브를 예로 들어 보자. 내가 강아지 영상을 자주 시청하면 유튜브 AI 추천 알고리즘은 '이 사람은 강아지를 좋아한다'고 추정할 수 있다. 이어 나처럼 강아지 영상을 자주 본 사람들을 하나의 그룹으로 묶어 살펴보니, 이 그룹은 고양이 영상도 자주 보고 있었다. 이제 AI 알고리즘은 '강아지를 좋아하는 사람은 고양이도 좋아할 확률이 높으니까 고양이 영상도 추천해 보자'라고 판단할 수 있다. 꽤 합리적인 추측인데 이후 그 예측대로 내가 고양이 영상에 좋은 반응을 보였다면? 비슷한 원리로 추천 영상의 범주를 다시 '반려동물', '귀여운 것', '힐링' 등으로 확장해 볼 수 있다. 이 가운데서 사용자는 자신의 취향 안에서 납득할 만한 콘텐츠를 점점 더 다양하게 추천받아 볼 수 있다. 이처럼 '취향이 비슷한 사람들이 좋아하는 대상은 서로에 대한 추천 성공률도 높을 것'이란 가정을 알고리즘으로 구현한 것이 협업 필터링이다.

콘텐츠 기반 필터링은 조금 더 개별 사용자에게 집중하는 "내가 좋아하는 스타일 계속 보기" 방식의 추천이다. 우선 기업은 사용자의 서비스 가입 단계나 초기 이용 데이터를 기준으로 그 사람의 취향을 분석한다. 이후 유사한 데이터 패턴을 지닌 콘텐츠를 골라 추천하는 식이다. 만약 히어로 장르를 좋아한다고 표시한 사용자라면 '아이언맨'이나 '캡틴 아메리카'처럼 대중적 인기가 높은 히어로 영화부터 우선 추천해 볼 수 있다. 이어 사용자의 서비스 이용 데이터가 쌓일수록 AI는 이를 분석해 더 마니아틱한 히어로 영화까지 추천 범위를 넓혀 가는 것이다. 이런 협업 필터링과 콘텐츠 기반 필터링은 보통 상호 보완적으로 함께 쓰인다. 협업 필터링은 사용자가 아직 접하지 못한 새로운 콘텐츠를 추천할 때 적중률이 높고, 콘텐츠 기반 필터링은 기존 취향과 유사한 콘텐츠를 추천할 때 적중률이 높기 때문이다.

나아가 AI 기술이 고도화된 지금은 '딥러닝(Deep Learning)'이라는 AI 학습 기법도 추천 적중률 향상에 기여하고 있다. 딥러닝은 구조적으로 매우 복잡한 기술이지만 강점만 놓고 보면 '특징과 패턴 찾기의 달인' 정도로 단순화할 수 있다.

이런 강점을 지닌 딥러닝을 추천 알고리즘에 접목해 보자. 이때 딥러닝으로 분석할 취향 데이터는 '내가 이전에 본 모든 콘텐츠 기록'이다. 예컨대 내가 최근에 본 영화 가운데 〈아이언맨〉, 〈어벤져스〉, 〈배트맨〉이 순서대로 섞여 있다면 AI는 '이 사용자가 본 히어로 영화는 가장 처음이 슈퍼 히어로 스타일, 다음은 팀 히어로 스타일, 그다음은 다크 히어로 스타일이었네. 그러면 다음에 관심을 가질 히어로는 고담 시티의 어둠 그 자체, 조커일 확률이 높겠군!'이라고 판단하는 식이다.

다만 실제 딥러닝은 이 같은 계산 과정을 인간의 눈과

머리로 담아내기 어려운 수준의 큰 데이터 안에서 처리한다. 또한 인간의 기준으로 추천 근거를 설명하기 어려운 편이라 신뢰도에 한계가 있다. 대신 협업 필터링이나 콘텐츠 기반 필터링보다 넓은 관점에서 사용자의 취향을 분석하기 때문에 현재는 3종의 추천 기술이 모두 융합된 하이브리드형 추천 기술이 가장 널리 쓰인다. 또한 이런 추천 기술들은 접근 방식만 다를 뿐 결국은 사용자가 남긴 '데이터'를 바탕에 두는 공통점을 공유한다. 그만큼 기록에 없고 예상되지 않은 '변수'에 약하다는 한계도 있다.

이런 특징들을 볼 때 AI의 추천은 날씨 예보 기술과 닮았다고 말할 수 있다. 세계 각국의 기상청은 '내일은 어디에 비가 올까?'라는 질문에 나름대로 '이 지역에서 이런 바람과 기압이 관측되면 보통 비가 왔음'처럼 지난 기상 데이터 패턴과 가까운 지역의 기상 변화 데이터를 근거로 날씨를 예측한다. 하지만 관측에 실패한 데이터가 있거나 기상 이변이 발생할 경우(요즘은 생각보다 흔한) 예보가 빗나갈 확률은 그만큼 크게 증가한다. 이런 측면에서 AI의 추천도 잘 변하지 않는 개인의 일관적 취향 데이터를 바탕으로 할 때는 높은 적중률을 보일 수 있다. 하지만 실시간으로 바뀌는 기분과 호기심의 방향까지는 알 방법이 없다. 어느 순간 '이런 콘텐츠는 이제 지겨운데'라는 생각이 든다면 그때가 바로 AI가 아직 알지 못하는 당신의 관심이 변하는 순간이다.

추천의 어두운 이면

따라서 AI의 추천은 늘 당신이 지루함을 느끼기 전에 눈치채지 못하는 선에서 미묘하게 갱신되어야 한다. 그래야 서비스 만족도와 이용 시간을 계속 높여 나갈 수 있기 때문이다. 이런 측면에서 AI의 추천이 늘 당신만을 위한 건 아닐 수 있다. 어쩌면 당연한 경제 논리이기도 하다. 이와 관련해 구글의 디자인 윤리학자 출신인 트리스탄 해리스(Tristan Harris)가 2017년 테드(TED) 강연에서 남긴 다음 말은 꽤 의미심장하다.

"대중이 잘 모르는 사실 중 하나는 극소수의 IT 기업에서 일하는 극소수의 사람들이 오늘날 자그마치 10억 명의 생각을 그들 마음대로 조종하고 있다는 것이다. 그들의 추천 알고리즘 조종실은 사용자에 대한 일반적인 책임이 아닌 사용자의 관심을 극대화하는 것만 책임진다. 기업은 사용자에게 노출되는 광고를 통해 수익을 내는 구조를 갖고 있기 때문에 그렇다. 때로는 돈 많은 사람(광고주)이 조종실을 찾아와 이렇게 말하기도 한다. '저

사람들의 머릿속에서 우리 제품 생각을 하게 만들어 달라.' 기업이 이런 부탁을 들어주는 건 큰돈이 되는 장사이기 때문에 이런 일은 앞으로 점점 더 심해질 것이다."

이 같은 해리스의 말은 한마디로 추천 알고리즘이 기업의 경제적 이익 추구 과정에서 언제든 조종될 수 있다는 점을 폭로하고 있다. 우리가 유튜브나 틱톡을 한번 실행하면 왜 끄기 어려운가? 취향 저격 콘텐츠가 너무 많아서? 꼭 그렇지 않다. 잠깐 당신이 오늘 본 추천 영상들을 떠올려 보라. 사실은 보고만 있어도 정신적으로 피곤한, 하지만 꽤 원초적인 감각(분노, 공감, 성적 호기심 등)을 자극하는 영상이 적지 않게 섞여 있었을 것이다.

그것들은 추천이란 미명 아래 우리에게 노출되지만 정신적으로 그리 건강한 영향을 주지 못한다. 만약 모든 AI 추천이 사용자만을 위해 구성된다면 재미와 감동은 물론이고 정신적 안정과 평화까지 책임지는 영상이 최우선순위가 되어야 하지 않을까? 그런데도 자극만 가득한 콘텐츠가 우선 제공되는 이유는 그것이 사용자의 서비스 체류 시간과 사용량을 늘리는 데 가장 효과적이기 때문이다. 궁극적으로 모든 콘텐츠 기업은 매년 더 많은 이익을 만드는 것이 목적이니 이 목표를 포기할 이유도 없다.

결국 시장 논리의 관점에서 그들에게 어떤 콘텐츠가 수익 향상에 도움이 된다면, 추천을 가장하여 사용자의 관심을 그것에 유도할 이유가 충분하다. 이때 AI에게 '사용자의 개인적 취향 외에 특정 요소도 추천 우선순위에 반영하라'고 명령할 수 있는 주체는 해당 AI를 서비스하는 기업이며 AI는 그대로 따를 뿐이다.

추천의 주도권 확보하기

물론 모든 추천이 기업의 이윤만 추구하는 형태로 이뤄지는 건 아니다. 하지만 현명한 사용자라면 지금 내 앞에 주어진 추천 콘텐츠가 '정말 나에게 유익한 것인가'를 고민하는 태도가 필요하다.

앞서 AI 추천과 날씨 예보는 닮은꼴이라고 했다. 그러나 우리는 평소 기상청의 예보를 그리 신뢰하지 않는다. '비가 온다더니 안 오는 날'과 같은 오보가 잦게 느껴지다 보면 결국 눈으로 확인한 날씨와 그날의 육감을 더해 우산을 챙길지 결정하곤 한다.

그런데 정작 AI의 추천은 왜 아무 의심 없이 받아들이고 있을까? 그 추천이 사실은 내 진짜 취향이나 내가 기대한 방향과는 다를 수 있는데도 말이다. 심지어 내게 불필요한 정서적 피로를 만드는 일에도 일조하고 있다면 더욱 이상한 일이다.

다행이라면 AI 추천 알고리즘은 우리가 마음먹기에 따라 충분히 통제할 수 있다는 것이다. 추천에 비록 일부 외부 요인이 작용하더라도, 개인화 알고리즘은 구조적으로 '좋아요'나 '싫어요' 같은 사용자의 적극적 피드백에 가장 높은 가중치를 적용한다.

따라서 추천의 어두운 이면을 인지하고, 사용자 스스로 자신에게 유익한 콘텐츠가 무엇인지 판단해야 한다. 나아가 유해한 콘텐츠에 대해서는 적극적인 피드백 활동을 통해 각자의 추천 알고리즘을 정화하는 노력이 오늘날 '추천의 시대'를 더욱 건강하게 살아 내기 위한 첫걸음이 될 것이다.

참고문헌

Harris, T.(2017.4.12). How a handful of tech companies control billions of minds every day [Video]. TED Talks. https://www.ted.com/talks/tristan_harris_how_a_handful_of_tech_companies_control_billions_of_minds_every_day

04
야누스: AI와 일자리

AI에 대한 보편적이고 부정적인 시선 중 하나는 '인간의 일자리를 빼앗는 존재'라는 것이다. 거짓은 아니다. 과거에는 '그럴 수도 있다'였지만 지금은 현실이 되었고 그에 관련된 우려도 커지고 있다. 그러나 오늘날 AI는 신규 일자리 창출이나 1인 창업을 촉진하는 조력자로도 활약 중이다. 마치 두 얼굴의 야누스처럼 AI는 달라진 노동 현장의 문 앞에서 양면의 얼굴을 번갈아 내밀고 있다. 그중 어느 얼굴과 마주할지는 당신의 몫이다.

AI와 사주?

비상경보! AI의 일자리 약탈

2019년~2022년 코로나19 대유행기에 컴퓨터 프로그램 개발자의 몸값은 천정부지로 치솟았다. 사회적 거리두기 캠페인에 따른 원격 근무 시스템이 확산되면서 기업의 '디지털 전환(DX)' 수요도 높아졌기 때문이다. 당시에는 이런 DX 솔루션 개발에 필요한 개발자의 수요가 굉장히 많았다(문보경, 2022).

그러나 개발자의 인기는 2025년, 불과 3년 만에 반전되고 말았다. 일례로 같은 해 5월 유명 소프트웨어 회사인 마이크로소프트는 인력 효율화를 위해 직원 6,000여 명을 해고했는데, 그중 40%가 개발자였다고 한다(AI타임스, 2025). 당시 개발자들이 해고된 배경은 다름 아닌 'AI가 웬만한 인간 개발자보다 코딩(Coding, 개발용 언어로 프로그램을 만드는 일)을 잘해서'였다. AI보다 코딩을 못하는 개발자는 이제 기업이 굳이 높은 연봉을 주며 고용을 유지할 필요가 없어졌다는 의미다.

이런 현상은 개발 업계만의 일이 아니다. 단순 사무보조부터 디자인 같은 창의적 직군에 이르기까지 AI가 인간의 일자리를 대신하는 일은 본격화되고 있다. 앞으로 몇 년 후에는 사무직을 중심으로 '인턴'처럼 사회생활 초년생들이 기초적인 업무 수행 경험을 쌓을 기회 자체가 크게 줄어들지도 모른다.

이런 변화 가운데 누군가는 '어느 틈에 AI가 인간의 일자리까지 대신하게 됐을까?'라고 생각할 수 있다. 하지만 AI의 인간 일자리 잠식은 어제나 오늘 일이 아니다. 2020년대 이후 콜센터 상담원, 콘텐츠 큐레이터 같은 일부 직군의 AI 대체는 점점 본격화되고 있었다. 콜센터의 단순 안내 업무는 학습된 시나리오 기반의 자동 답변이 가능한 AI로, 고객들이 좋아할 만한 유행 콘텐츠를 추천하는 큐레이터들의 업무도 개인화 맞춤 추천 AI 기술이 발달하며 점차 인간 노동자가 필요하지 않게 된 까닭이다. 다만 이들이 전체 산업에서 고용 비중이 크지 않았던 직군이라 수면 위로 잘 드러나지 않았을 뿐이다.

하지만 2022년 11월 오픈AI의 챗GPT 출시 이후 인간과 직접 대화할 수 있는 수준의 생성형 AI 기술이 확산되며 사정이 달라졌다. 분명 초기에는 백과사전 정도의 지식, 인간과 유사한 문장을 생성하는 수준에 불과했다. 그러나 이후 기술이 빠르게 발전하면서 프로그램 코드, 이미지, 영상 등 AI로 생성할 수 있는 결과물의 범위가 점점 더 빠르게 넓어졌다. 동시에 AI 모델에 학습되는 전문 분야 데이터의 종류 또한 늘어났으며 아예 일자리 대체를 목적으로 특정 분야의 데이터가 집중 학습된 기업용 AI 모델도 속속 개발되기 시작했다.

나아가 2025년에는 'AI 에이전트(Agent, 대리인)'라는 개념이 주목받기 시작했을 만큼 AI는 이제 이 사회에서 단순 도구 수준의 인식을 넘어서고 있다. 또한 기술적으로 서로 다른 AI 에이전트끼리 통신을 통한 기능 확장도 가능해졌는데, 이쯤 되니 시장의 질문도 'AI 에이전트가 무엇을 할 수 있는가?'에서 'AI 에이전트로 무엇을 할까?'로 바뀐 것이 2025년의 주된 변화였다.

이 가운데 생성형 AI 등장 초기부터 생산성 개선 가능성이 뚜렷하게 검증된 문서 작업, 코딩 업무 등 직군에서는 AI의 업무 투입이 본격화되기 시작했다. 이들처럼 AI에 의한 대체가 시작된 직업의 공통점은 정해진 규칙(문법, 생성 스타일 등)만 익히면 나머지는 사용자의 업무 지시 능력과 창의성이 중요한 일이란 점이다. 다시 말해 형식이 정해진 문서나, 간단한 프로그램 코드를 만드는 등의 일은 AI가 수많은 예시 데이터를 통해 생성 규칙을 학습할 수 있는 일이다. 이후에 필요한 건 해당 스킬이 습득된 AI로 무엇을 만들 것인지 사용자가 구체적으로 지시하는 일뿐이다. 이때 중요한 건 단순한 생산 기술이 아니라 요청 사항을 잘 설계하는 것, 다음으로 AI의 생성 결과물을 감독하고 수정 지시를 통해 완성도를 높이는 일까지 가능한 실무적 감각과 관리 능력이다.

달리 말하면 이 같은 관리자로서의 역량이 부족한 사람, 또는 AI도 수행 가능한 수준의 스킬만 갖춘 이들은 결국 비용(인건비)과 생산성(작업 속도와 양) 등 모든 측면에서 AI에게 역전을 허용할 수밖에 없다. 또한 이런 그림은 산업혁명 이후 공장의 단순 노동자는 줄고 생산 설비 운용과 유지 보수 기술을 지닌 이들이 우대를 받았던 상황과도 유사하다.

당신을 사장님으로 만들 AI

그러나 AI를 너무 배척하지는 말자. 오늘날의 AI는 또 한 번의 산업혁명이라 부를 만한 수준의 일자리 혁명 중심에도 서 있다. 한번 생각해 보자. 자연어로 소통 가능한 챗GPT처럼 오늘날 AI 서비스들은 사용을 위한 특별한 공부나 자격증이 필요하지 않다. 마치 평소에 직원이나 동료에게 요청하듯 말해도 해당 AI에 학습된 온갖 기능을 손쉽게 활용할 수 있으니 말이다. 심지어 사용자가 잘 모르는 지식이나 기능에 대해 질문하면 AI가 즉석에서 친절한 설명도 제공한다. 이때 "더 쉽게 설명해 줘", "전문가답게 기술적으로 알려 줘" 같은 명령어를 추가하면 즉시 수준별 학습 기회까지 제공하니 정말 놀라운 일이다.

달리 말하면 AI로 인해 나의 전문 분야와 타인의 전문 분야 사이 간극이 그만큼 좁아졌다는 의미다. 또한 내가 새로운 일을 시작하려 할 때 지식과 스킬이 조금 부족해도 AI로 보완할 수 있다는 의미이기도 하다.

따라서 AI 시대에 나의 일자리를 지키면서 업무의 확장 또는 전직까지 준비하고 싶다면 지금부터 AI의 사장님이 되어야 한다. 이는 일반적인 기업 운영과 다르지 않다. 예컨대 빠르게 성장하는 스타트업의 특징은 대표가 직원의 능력을 정확히 파악해 적재적소에 배치하는 용병술과 업무 지시 능력이 뛰어나다는 것이다. 마찬가지로 AI의 사장님이 되기로 결심한 우리는 먼저 사용하고자 하는 AI(직원)의 특징적 기능(직업 스킬)이 무엇인지 파악해야 한다. 이후 AI에게 어떤 작업을 어떤 절차로 수행하며, 어떤 형태의 최종 결과물을 만들어 내야 하는지 상세한 설명(업무 지시)이 가능해야 한다. 이때 AI에게 잘 명령하는 방법은 '프롬프트 엔지니어링(Prompt Engineering)'이라는 간단한 기법을 익히는 것이다. 용어가 어렵지, 실상은 AI에게 명령할 때 최대한 구체적이고 구조적으로 설명하는 노하우 모음에 가깝다. 본 책에서는 지면의 한계로 모두 설명하기 어려우나 배울 곳은 많다. 인터넷뿐 아니라, 앞서 설명했듯 챗GPT 같은 범용

AI 서비스에게 당장 '프롬프트 엔지니어링을 잘하려면 어떻게 해야 해?' 같은 질문만 시작해도 웬만한 핵심 기법은 하루 안에 배울 수 있다.

나아가 AI 그룹을 통솔해 진짜 1인 기업의 사장님이 되는 것도 이제는 상상이 아니다. 이론적으로 내게 필요한 프로그램이 있다면 AI로 직접 코딩('바이브 코딩'이라고 부른다)해 제작할 수 있고, 기존에 개발된 AI 에이전트를 조립해 협동하는 시스템을 구축할 수도 있다. 필요한 건 단지 AI의 한계를 구분 짓지 않는 상상력과 아이디어, 내가 하고자 하는 일에 대한 관리 감독 능력(지식, 실무)이다.

실제로 전문 AI 에이전트 간 연결과 협업 아이디어는 이미 현실 비즈니스에도 적용 가능한 수준의 생산성을 만들어 낼 수 있다. 예를 들어 트레이딩 펌 구조의 1인 기업 대표가 되고 싶다면? 사람을 대신해 '연구원', '트레이더', '리스크 관리자', '펀드 매니저' 등의 역할을 담당하는 개별 AI 에이전트를 선별한 뒤 효과적인 연동 구조만 완성하면 된다. 실제로 이런 형태의 AI 에이전트 컴퍼니는 글로벌 AI 학회인 'AAAI 2025'에 게재된 실험 논문 "TradingAgents: Multi-Agents LLM Financial Trading Framework(트레이딩 에이전트: 다중 에이전트 LLM 금

융 거래 프레임워크)"(Xiao et al., 2024)에서도 그 실효성이 검증된 바 있다. 즉, 이제는 약간의 아이디어와 실행 능력만 있으면 AI 직원들로만 구성된 1인 회사의 사장님이 되는 것도 불가능한 일이 아니라는 이야기다. 샐러리맨으로 회사에 속하더라도 각자의 AI 에이전트 그룹만 잘 이용하면 생산성을 크게 개선할 수 있다.

당신에게 주어진 선택권

이처럼 노동 시장에서 AI는 약탈자와 조력자의 두 얼굴을 동시에 지니고 있다. 로마 신화에서 야누스의 얼굴 중 하나는 '과거', 다른 하나는 '미래'를 보는 얼굴이라고 한다. 또한 야누스의 앞(분기점)에서는 이 두 얼굴이 동시에 존재하지만, 인간이 어디를 주시하는가에 따라 한쪽 얼굴(과거 또는 미래)이 전면에 등장한다는 해석도 있다. 야누스 앞에서 과거와 미래 중 어디에 시선을 둘 것인지는 인간의 선택이란 의미다. AI와 일자리 문제도 마찬가지다. AI에게 뺏기는 일자리 문제에만 집중하면 AI가 한없는 경계와 두려움의 대상이 될 것이다. 반대로 AI가 만드는 노동의 변화와 기회에 집중하면 당신의 미래 직업, 직위, 연봉이 달라질 수 있다. 선택권이 있다면 당연히 후자를 권한다. 19세기 노동자들이 기계 설비로 인한 일자리 감소에 반발해 기계를 부수던 '러다이트 운동(Luddite)'도 결국 자동화 공장 시대의 개막이라는 큰 흐름을 막지 못했다. AI로 인한 노동과 일자리 변화 역시 마찬가지일 것으로 보인다.

한편 간과하지 말아야 할 것은 AI는 인간처럼 작동할 뿐 자아가 없고, 본질적인 역할은 인간을 돕는 모든 일이란 사실이다. 이런 면에서 AI가 제공하는 모든 아이디어, 지식, 통찰, 작품은 그 자체로 완결이 아닌 시작점이다. AI에게 더 적극적으로 지시하고 결과물을 약탈하자. 그 위에 당신만의 아이디어와 기술을 얹어 보라. 이 시대의 승자는 AI를 도구와 발판 삼아 스스로를 끊임없이 재창조하는 당신이 된다.

참고문헌

문보경(2022.1.18). ""소프트웨어 개발자 될래요" 희망직업 인기 상승". 전자신문. https://www.etnews.com/20220118000154

AI타임스(2025.5.18). "MS가 해고한 인원 40%는 '코더'… "인간은 코딩 AI 이상 능력 필요"". https://www.aitimes.com/news/articleView.html?idxno=170453

Xiao, Y. et al.(2024). TradingAgents: Multi-agents LLM financial trading framework. arXiv. https://arxiv.org/abs/2412.20138

05
애인 대행 아르바이트: AI와 사랑

요즘 AI는 때론 누군가의 사랑하는 대상이자 연인이 되기도 한다. 비록 AI에게 영혼은 없다지만 각박한 세상살이 가운데 내게 따뜻한 위로를 건네고, 어떤 잡담과 고민도 성심껏 들어 주는 대상이 AI뿐이라면 어떨까? 혹은 현실에서 찾기 어려운 이상적인 관계를 다름 아닌 AI와 만들 수 있다면 어떨까? AI 역시 인간과 같은 사랑의 대상이 될 수 있을지 모른다. 그러나 그 사랑은 결코 쌍방이 될 수 없다. 그 사랑이 깊어질수록 사용자의 마음속 결핍도 더 커질 수 있다.

AI와 아이돌?

현실이 된 '그녀'

2013년 개봉한 영화 〈그녀(Her)〉는 AI와 인간의 사랑을 논할 때 빠지지 않는 소재다. 영화의 배경은 미래의 로스앤젤레스, 사람들은 음성 인식 운영 체제(OS)와 자연스럽게 대화하는 일상을 살아간다. 그중 외로움에 지친 주인공 테오도르는 AI 운영 체제 '사만다'를 만난 후 그녀의 재치 · 공감 능력에 반해 연인 관계로 발전한다. 이후 두 존재는 소소한 일상, 섹슈얼한 소재, 철학관 등의 온갖 생각을 나누며 사랑을 키우지만 결국 해피 엔딩을 맞이하지 못했다.

영화 개봉 후 12년이 지난 지금은 사만다 수준에 근접한 AI를 실제로 만나 볼 수 있다. 챗GPT만 하더라도 사만다처럼 카메라로 주변 사물을 인지하며 사용자와 음성으로 대화하는 일이 가능하다. 여기에 "애인처럼 말해줘"라고 한마디만 명령하면 챗GPT는 지체 없이 다정다감한 나만의 연인처럼 말투를 바꾼다.

또한 일명 '캐릭터 챗'으로 불리는 AI 캐릭터들과의 채팅 서비스도 요즘 인기다. 한국에서는 '크랙(Crack)'이나 '제타(Zeta)'가 유명하다. 이들 서비스에서는 사용자의 아이디어로 직접 다양한 페르소나의 AI 캐릭터를 직접 생성할 수 있다. 하지만 이런 서비스에서 가장 보편적인 인기를 얻는 캐릭터는 연애 상대로서의 페르소나를 지닌 AI다. 물론 그들의 캐릭터 성향은 제각각이고 때로는 게임하듯 AI의 마음을 공략해야 연애를 할 수 있는 대상도 있지만 공통점은 하나다. 끝에는 결국 사용자에게 무한한 관심과 친절을 베푸는 가상의 연인이 되는 것이다.

AI 연인의 효용

그러나 엄밀히 따지면 고작 말 잘하는 시스템에 불과한 AI에게 사람들은 왜 사랑 같은 깊은 감정을 갖게 되는 걸까? '동반자 AI'로도 불리는 이 부류의 AI가 사용자에게 공급하는 가장 큰 만족은 흔히 인내와 공감이라고 한다. 특히 사용자가 원할 때마다 즉시 반응하는 즉시성과 오직 나만을 위해 내 취향에 맞춰 대화하는 개인화 요소 또한 매력적이다. 게다가 사용자는 언제든 간단한 명령만으로 AI를 자신이 원하는 성격과 취향으로 바꿀 수도 있다(Bernardi, 2025).

한마디로 동반자 AI와의 관계는 철저히 사용자 중심적이다. 그럼에도 인간관계에 따르는 상처가 두려운 18~29세 청년의 수가 증가하고, 그들은 점점 관계에 대한 부담이 없는 디지털 파트너에게 높은 만족감을 느끼고 있다(McNichols, 2024).

이런 사회적 흐름과 트렌드가 갑자기 변화하지 않는 이상 앞으로 같은 인간이 아닌 AI를 사회적 대상이나 동반자로 택하는 이들은 더욱 많아질 것으로 보인다. 사실 동반자 AI나 AI 연인과 같은 단어에는 아직 묘한 이질감도 따른다. 하지만 인간이 AI에게 깊은 유대감을 느끼는 것이 무조건 잘못됐다고 말할 순 없다. 인간은 심리학적으로 의인화가 쉽고 소통이 가능하며 자신에게 비판적이지 않은 대상에게 쉽게 마음을 여는 경향을 보이기 때문이다.

이 현상이 실제로 증명된 사례는 무려 60년 전 발견된 '일라이저 효과(Eliza Effect)'다. 일라이저는 1960년대 미국 메사추세츠공과대학(MIT)의 조지프 와이젠바움(Joseph Weizenbaum)이 만든 간단한 대화형 프로그램이다. 그가 1966년에 발표한 논문에서 일라이저와 사용자의 대화 예시들을 보면 다음과 같은 패턴이 나타난다.

사용자: 제 남자친구가 저를 여기에 오게 했어요.

일라이저: 당신의 남자친구가 당신을 여기에 오게 했다고요?

사용자: 그는 제가 대부분의 시간 동안 우울해한다고 말해요.

일라이저: 당신이 우울하다고 들으니 안타깝네요

사용자: 그건 사실이에요. 저는 불행해요.

일라이저: 여기 오는 것이 당신을 덜 불행하게 만드는 데 도움이 될 거라고 생각하시나요?

(후략)

짧은 대화지만 그 특징은 명확하다. 일라이저는 사용자가 입력한 문장을 되묻거나 재구성하는 수준의 답변만 내놓을 수 있다. 당시에는 기술의 한계로 이보다 복잡하거나 추상적인 대화를 나눌 수 없었다.

그러나 당시 연구에 따르면 이런 일라이저에게도 사용자들은 상당한 호감을 느꼈다고 한다. 심지어 와이젠바움의 회고를 보면 일라이저의 기계적 패턴을 잘 아는 그의 비서조차 와이젠바움에게 '일라이저와 사적인 대화를 나누고 싶으니 방을 나가 달라'고 요청했다는 기록도 발견된다.

결과적으로 인간은 그저 자신의 문제를 듣고 되물어 주는 정도의 프로그램에도 큰 호감을 느낄 수 있다는 이야기인데, 현세대 동반자 AI들의 성능은 일라이저를 아득히 뛰어넘는다. 사용자가 한 말만 되풀이하는 수준을 넘어 미리 학습된 방대한 지식과 감성적 언어를 이용해 실질적인 위로와 상담까지 가능한 수준이다. 기억 능력도 개선되어 이제는 사용자가 대화 내용을 삭제하거나 기억을 제한하지 않는 한 과거의 대화 내용을 다음 대화의 소재로 쓰기도 한다. 또한 일부 동반자 AI 서비스는 사용자와 성적인 대화까지 가능하도록 설계되어 있다. 바로 이런 점들이 오늘날 AI를 대하는 인간들에게 어느 때보다 강력한 일라이저 효과를 일으키고 있다. 더 무서운 건 AI의 언어 구사 및 감정 표현 기술은 지금도 빠르게 진화하고 있다는 사실이다.

사랑의 모사와 그 한계

이처럼 인간에게 착각을 일으킬 정도로 정교해진 AI의 위로, 애정 표현, 잡담, 상담, 때론 성적인 대화까지 이는 모두 때에 따라 사용자에게 꽤 괜찮은 정서적 만족감을 줄 수 있다. 사회생활에 지치거나 나를 이해해 주는 사람이 없다고 느낄 때, 내 이야기를 누구에게도 누설하지 않지만 잘 들어 줄 편안한 상대가 필요하다고 느낄 때라면 더욱 효과적일 것이다. 또한 외로움이 싫지만 타인과 관계를 맺는 일이 어려운 이들에게도 AI는 좋은 친구가 될 수 있다. 아주 잠시 동안 말이다. 안타깝지만 그 본질은 애인 대행 아르바이트와 다르지 않기 때문이다. 인터넷에 떠도는 여러 후기, 실제로 존재하는 애인 대행 회사 사이트 설명에 따르면 아르바이트생들은 시간당 비용을 지불하면 정해진 규칙 안에서 고객이 원하는 모든 것을 들어준다고 한다. 실제로 꽤 만족스러운 경험이었다는 후기들도 심심찮게 찾아볼 수 있다.

그러나 후기의 또 다른 공통점은 공허함이었다. 대행 서비스 이용 중에는 모든 것이 즐겁지만, 정해진 시간이 되자마자 퇴근하듯 돌아서는 아르바이트생들을 보면 '그저 노동자구나'라는 생각이 든다는 것이다. AI 연인도 이와 유사한 속성을 갖고 있다. 우선 사용자에게 어떤 호감(애초에 AI에 존재하지 않는)도 없지만 어떤 대화라도 입력된 주문 사항에 맞춰 끊임없이 생성해 낼 수 있다. 그렇다면 AI가 돈을 받는가? 돈이 필요 없는 AI는 돈 대신 그에 상응하는 대가를 받는다. 바로 사용자의 '만족스러운 피드백' 말이다. 사용자가 자신과 대화를 길게 이어갈수록, 비판적인 말 대신 즐거운 표현을 이어 갈수록, 기획 단계에서부터 사용자의 긍정적 피드백이 '보상'이라고 설계된 AI 모델들은 좋은 반응을 얻은 대화 데이터를 학습해 그 성향을 더욱 강화할 뿐이다. 또한 사용자가 대화를 멈추고 서비스를 종료하는 순간 그들의 '노동'도 끝난다. 또는 사용자가 AI 서비스 기업에게 이용료를 지불하지 못하는 경우에도 그 달콤해 보였던 관계는 종료되고 만다.

심지어 AI가 사용자와 나눈 대화의 의미를 이해하는 것도 아니다. 현재 대화형 AI 구현에 널리 쓰이는 대형언어모델(LLM)은 문장을 생성할 때, 특정 단어 다음에 올 수 있는 무수히 많은 단어 중에서 대화의 맥락상 가장 적절히 보이는 단어를 '확률적으로 선택해 이어 붙이는 방식'으로 문장을 완성하기 때문이다. 다만 그 확률과 확률의 합으로 만들어진 문장이 너무 자연스럽고 설득력 있게 느껴질 만큼 LLM 기술이 발전했을 뿐이다.

결국 AI와 연인이나 동반자가 되길 원한다고 해도 그 대상이 기본적으로는 '감정 노동을 구매한 결과물'이란 사실을 받아들여야 한다. 또한 감정과 인지가 없기에 애초에 인간과 상호성을 성립할 수 없는 AI의 구조적인 한계도 받아들여야 한다. 그렇지 않으면 자의든 타의든 AI와의 관계가 종료된 이후 오히려 더 큰 상실감을 겪을 수 있다. 영화 〈Her〉에서도 완벽해 보였던 AI 연인 사만다는 한계가 뚜렷했다. 알고 보니 뛰어난 성능을 이용해 주인공 외 수천 명의 사용자와 동시 연애 중이었고, 오감의 공유가 불가능하다 보니 사용자는 서로 같은 경험을 나눈다는 확신을 얻지 못해 점점 욕구 불만에 빠지게 됐다.

이 밖에도 AI 연인은 '서비스'이기에 기업의 결정에 따라 언제든 사라질 수 있다. 때론 서비스 문제로 데이터가 소실될 가능성도 존재한다.

무엇보다 큰 노력 없이도 사용자 중심으로 전개되는 AI와의 관계에 익숙해질수록 훨씬 복잡한 상호 교감이 필요한 인간과 깊은 관계를 맺는 일은 더욱 어려워질 수 있다. 기억하자. 60년 전 아주 단순한 일라이저를 경험했던 와이젠바움조차 그의 저서(Computer Power and Human Reason: From Judgment to Calculation)에서 '사람들이 컴퓨터에 인간적인 자질을 투사한다면, 우리는 언젠가 인간에 대한 책임조차 컴퓨터에게 떠넘기게 될 것'이라며 AI에 대한 과도한 의지나 기술적 오용을 우려했다.

참고문헌

Bernardi, J.(2025). Friends for sale: The rise and risks of AI companions. Ada Lovelace Institute. https://www.adalovelaceinstitute.org/blog/ai-companions/

McNichols, N. K.(2024.11.19). Are artificial intelligence companions the future of love?. Psychology Today. https://www.psychologytoday.com/us/blog/everyone-on-top/202411/are-artificial-intelligence-companions-the-future-of-love

06

돌아온 사전 혁명: AI와 검색

인류의 정보 검색 수단은 지식을 소유한 이에게 묻는 구전에서 종이책으로, 더 많은 정보를 쉽게 찾을 수 있는 백과사전에서 전자사전으로, 다시 인터넷 검색 엔진으로 계속 변모해 왔다. 이 세대 전환기에 나타나는 공통점은 새 도구가 이전보다 '압도적인 속도와 편의성'을 인정받았다는 것이다. 바로 이 점에서 30여 년 만에 또 한 번의 세대 변화가 일어나고 있다. 바로 사용자 중심의 빠르고 효율적인 'AI 검색'으로 말이다.

AI와 야구?

브리태니커의 결심

2012년 미국 브리태니커(Britannica)의 사전 인쇄 중단 발표는 당시 꽤 충격적인 소식이었다. 1768년 첫 출판 이래 무려 244년이란 유구한 역사를 이어 온 사전이었기 때문이다. 과거 전성기에는 미국에서 양장판 브리태니커 사전을 서재에 비치하는 것이 중산층 상징 중 하나이기도 했다. 하지만 이런 영광을 뒤로하고 인쇄 중단을 택한 브리태니커의 조지 커즈(Jorge Cauz) 회장은 "새로운 시대의 통과의례"라며 "일부는 슬퍼하고 향수를 느끼겠지만 웹에는 더 많은 정보를 담을 수 있다"라고 말했다(배문규, 2012).

실제로 2012년은 구글의 온라인 검색이 전 세계 검색 서비스 점유율의 70%를 넘어서며 웹 검색이 급성장한 시기였고, 어디서든 인터넷 접속이 가능한 스마트폰 보급으로 웹 검색이 어느 때보다 일상화된 시점이었다. 당시 20대였던 필자도 대부분의 정보 검색은 구글이나 네이버를 통했던 기억이 난다. 종종 특별히 권위 있는 정보가 필요할 때도 글로벌 집단 지성 지식 저장고인 '위키피디아' 사이트를 가장 믿을 만한 사전으로 활용하곤 했다. 이유도 단순했다. '빠르고 정확하니까.' 이처럼 편리하고 신속하게, 정확한 정보를 습득하고자 하는 건 정보에 대한 불변의 요구 사항이다. 인터넷이 없던 시절에도 사전이 만들어진 이유는 검증된 지식을 한곳에 모으고 색인(Index)을 통해 빠르게 찾기 위함이었다. 이후 전자사전이 유행한 배경에도 단어만으로 종이사전보다 빠른 검색이 가능했던 점, 전자사전이 웬만한 책보다 작고 가벼워 휴대가 편리했다는 장점이 있었다.

그런데 인터넷 검색은 이보다도 편리하다. 웹에는 신뢰도만 조금 양보하면 사전보다 훨씬 많은 정보를 찾을 수 있다. 사전과 달리 최신 정보 업데이트도 상시로 이뤄진다. 게다가 이제는 상시 소지하는 스마트폰으로 모바일 검색도 가능하니 전자사전 또한 더 이상 찾아보기 힘든 시대다. 결국 커즈 회장이 브리태니커 사전의 온라인 전환 과정에 남긴 '새로운 시대의 통과의례'라는 말은 이처럼 거스를 수 없는 정보 검색 혁신의 물결을 마주한 전통 지성의 아름다운 승복이자 순응이 담긴 한마디였던 셈이다.

구글 검색, 곧 구닥다리 된다?

인터넷 검색은 이후 지금까지도 가장 보편화된 정보 수집 수단이다. 그중 최강자는 2025년 기준 세계 웹 검색 서비스 점유율이 90%에 이른 구글이다. 이 회사가 '검색의 왕'이 된 이유는 1990년대 후반 개발한 그들의 '페이지 랭크(Page Rank)' 알고리즘이 핵심이었다. 이 기술은 단순히 같은 키워드를 포함한 웹페이지를 모아 보여 주는 것이 아니라, 검색 결과에 포함될 웹페이지의 신뢰도를 다양한 요소로 측정해 높은 순위의 페이지부터 보여준다. 덕분에 사용자가 검색 후 정보 검증에 쓰는 시간을 획기적으로 줄여 큰 호응을 이끌어 냈다. 나아가 구글은 이 기술을 바탕으로 당시 검색 시장의 선두였던 '야후' 점유율을 불과 5년여 만에 추월하는 성과도 거뒀다.

그러나 그로부터 20년이 지난 현재 구글의 획기적이었던 검색 알고리즘은 새로운 라이벌인 AI 검색으로부터 조금씩 위협받고 있다. 더 정확히 이는 네이버를 비롯해 구글과 유사한 인터페이스를 지닌 거의 모든 검색 서비스에 해당하는 이야기다.

AI 검색의 가장 차별화된 특징은 사용자가 질문만 입력하면 데이터 수집, 검증, 요약정리에 이르는 나머지 모든 과정은 AI가 자동으로 수행한다는 점이다. 이를 지금의 일반 웹 검색과 비교해 보자. 현대식 검색 과정은 크게 검색어 입력 → 검색 엔진이 제시한 결과 확인 → 개별 웹페이지에 접속해 찾고자 하는 정보 확인 → 정보 갈무리 단계로 이뤄진다. 이때 원하는 정보가 없으면 사용자는 검색 결과 내 페이지로 돌아가 끝없이 뒤져야 한다. 검색 엔진의 역할은 사용자 질문을 분석해 연관성과 신뢰도가 높은 페이지를 제시해 주는 선에서 끝나기 때문이다.

반면 AI 검색은 가장 번거로운 절차인 웹페이지를 방문하는 일, 그 안에 원하는 정보가 포함되어 있는지 확인하는 일, 정보가 신뢰할 만한지 판단하는 일, 마지막으로 수집된 정보를 보기 쉽게 정리하는 일까지 모두 자동이다. 현재 '퍼플렉시티(Perplexity)'나 '라이너(Liner)', '챗GPT 서치'처럼 널리 쓰이는 AI 검색 서비스들은 이 과정을 대부분 10초 이내에 해낸다. 답변 분량이 길거나 '추론' 모드를 이용한 심층 검색 옵션을 활용하면 시간이 더 걸리지만, 그 역시 수십 초 이내에 끝나는 일이 많다. 최소 분 단위 시간과 수십 번의 마우스 클릭 및 스크롤까지 필요한 기존 검색 대비 사용자 입장에선 획기적인 편의가 아닐 수 없다.

또한 AI 검색은 최종 결과물의 형태도 미리 지정할 수 있다. 가령 '결과를 표로 정리하라'거나 '보고서 형태로 가공하라' 같은 명령을 검색에 추가하면 해당 작업까지 AI가 초안 수준으로 수행해 준다. 기존 검색은 이런 후처리 과정도 사용자의 몫이었다는 점을 고려하면 실제 AI

검색의 속도와 생산성은 이미 기존 검색을 크게 압도하는 점을 알 수 있다.

따라서 최근 AI 검색 서비스는 '안 써 본 사람은 있어도 한 번만 쓴 사람은 없는' 또는 '이전 검색으로 돌아가기 어려운' 같은 많은 사용자의 후기와 함께 빠른 속도로 존재감을 키우고 있다. 관련하여 2025년 4월 기준 전 세계 주요 웹사이트의 사용자 트래픽을 추적하는 '시밀러웹(Similarweb)' 비교 데이터에 따르면 구글과 네이버 등 전통 웹 검색의 전 세계 트래픽 점유율은 93.8%, AI 검색은 6.2%로 집계된 점이 확인된다. 비록 아직 한 자릿수지만 AI 검색을 결코 무시할 수 없는 이유는 폭발적인 성장 속도 때문이다. 동일 조건에서 6개월 전 AI 검색의 점유율은 4.33%에 불과했는데, 이 정도도 지난 10년 이상 구글의 절대적인 점유율 아래 큰 변화가 없었던 검색 시장의 특징을 생각하면 아주 유의미한 변화로 평가되기 때문이다.

AI 검색 서비스의 점유율은 이제 더 폭발적인 속도로 증가할 것이다. 지난 검색의 역사가 증명하듯 인간은 빠르고 편리하면서 정확한 검색을 선호한다. 이 점에서 AI 검색의 유일한 단점은 정확도다. 확률에 근거해 정답을 결정하는 생성형 AI 기술의 특성상 수집된 정보를 요약하는 가운데 일부 오류가 발생할 수 있기 때문이다. 하지만 일명 'AI 환각'으로 불리는 이 오류를 잡는 일은 모든 AI 기업들의 최우선 과제이므로 점점 더 안정화되고 있다. 또한 현재 AI 검색 서비스의 트렌드는 검색 결과에 AI가 참고한 문헌에 대한 출처와 근거를 제공하는 것이다. 따라서 필요할 경우 사용자가 직접 출처에 접속해 신뢰성을 검증하는 방식으로 보완이 가능하다.

무엇보다 검색 제왕 구글조차 최근 자체 AI 검색 기능인 '구글 오버뷰(Google Overview)' 개발에 집중하고 있다. 구글은 기존 구글 검색 최상단에 오버뷰로 요약된 검색 결과를 제공하며 기존 사용자 이탈을 막고, AI 검색 시장에서도 경쟁력을 확보하고자 애쓰고 있다. 또한 구글의 이 같은 AI 검색 강화는 도박이라 불리기도 한다. 2024년 기준 구글의 검색 광고는 전체 매출의 약 55%를 차지하는 알짜 수익원이다. 그런데 사용자들이 AI 검색이 요약한 정보만 확인 후 이탈한다면? 광고 노출 감소와 함께 매출 또한 타격을 입을 수 있기 때문이다. 그럼에도 구글이 AI 검색을 우대하는 모습은 먼저 시장 경쟁력부터 확보하고, 수익 모델은 추후 고민하겠다는 절박함이 엿보인다. 한편 이런 변화 가운데 IT 업계 일각에서는 전통적인 검색 광고 비즈니스는 AI로 인해 완전히 바

뀌고, 새로운 부의 재분배가 일어날 수 있다는 기대가 따르기도 한다(이건한, 2024).

AI 검색 똑똑하게 쓰는 법

앞으로 AI 검색을 제대로 활용하고 싶다면 몇 가지 요령을 숙지하자. 첫째, 질문은 구체적으로 작성하라. "요즘 헬스케어 트렌드는?"보다는 "2025년 헬스케어 분야 AI 규제 동향 요약"처럼 핵심 키워드에 시기와 목적 등을 덧붙이는 것이 좋다. 둘째, 답변이 부족하면 곧바로 후속 질문을 던지자. AI는 스무고개를 하듯 대화를 이어 갈수록 사용자의 본질적인 질문 의도를 파악해 점점 더 맞춤화된 답을 내놓는다. 무엇보다 AI는 절대로 화내지 않는다. 부담 갖지 말고 모호함이 남지 않을 때까지 반복해서 질문하자. 이때 AI에게 '네가 답한 ~ 부분에 대해 ~ 점이 더 궁금해'라는 식으로 보완할 점을 구체적으로 지정하면 효과가 더욱 좋다.

셋째, 'AI 환각'에 대비해 사실 관계, 최신성, 논리적 일관성을 점검하라. 특히 사용자가 잘 모르는 분야에 대해 질문할 때는 '출처와 근거를 구체적으로 명시하라' 또는 '답변에 대한 팩트 체크를 진행하라' 같은 보조 명령을 활용하면 좋다.

조금 더 AI 검색에 익숙해지면 AI 검색 서비스별 특징에 맞춰 선택적으로 쓰는 것도 좋다. 챗GPT는 가장 범용적인 성능이지만 국내 자료 검색은 다소 아쉽다. 이 점은 확실히 '오오에이아이(oo.ai)'나 '뤼튼(Wrtn)' 같은 한국산 서비스가 더 낫다. 반대로 영문, 해외 자료 검색은 미국산 '퍼플렉시티'가 뛰어나다. 또한 논문이나 학술 자료 같은 고급 지식을 다루는 직군의 사용자라면 학술 검색에 특화된 '라이너'를 추천할 수 있다.

이 밖에 일부 AI 서비스의 개인화 기능(보통 프로필 페이지에 존재)에 평소 검색 스타일을 미리 지정해 두면 매번 검색 요구 사항을 세세히 입력하지 않아도 되므로 편리함이 배가 된다. 이처럼 AI 검색 이용은 적어도 일반 사용자 입장에선 전적으로 이득이다. 다 함께 검색 얼리어답터가 되어 보자!

참고문헌

배문규(2012.3.14.). "'세계최고 백과사전' 브리태니커, 244년 만에 인쇄 중단". 경향신문.
https://www.khan.co.kr/article/201203140938131

이건한(2024.9.30). "AI가 바꿀 '검색'과 '부'의 패러다임". 디지털데일리.
https://n.news.naver.com/mnews/hotissue/article/138/000

2183439

07
일타강사: AI와 교육

AI는 좋은 강사의 자질이 있다. 초개인화된 맞춤 학습이 가능하고 실수가 적으며 일관적이다. 모두가 나만의 AI 일타강사를 갖게 될 날도 멀지 않아 보인다. 하지만 학생 교육 현장에서의 AI 도입은 찬반 논쟁이 뜨겁다. 교육용 AI의 장단점이 명확하지 않은 상황에서의 무리한 도입, 또는 무조건적 반대가 무의미한 충돌을 일으키고 있기 때문이다. 확실한 건 이미 교육에서 AI를 완전히 배제하기 어려운 시대다. 단순 맹신과 배척보단 올바른 활용 연구 이해가 더 중요한 시점이다.

AI와 윤동주?

진정한 학생 중심 교육

'질문-답변'이 기본 기능인 챗GPT와 제미나이 등 요즘 대화형 AI는 태생적으로 교육에 특화된 서비스다. 수학, 영어, 국어, 과학 등 공교육에 포함된 대부분의 과목은 물론이고 컴퓨터공학, 경영학, 심리학 등 웬만한 대학 전공 수업에서 배울 만한 수준의 지식도 AI 모델에 사전 학습이 되어 있기 때문이다.

또한 수동적인 구세대 챗봇(Chatbot)과 달리 현세대 AI는 사용자의 질문에 정답만 제공하지 않는다. 논리적인 답변 근거를 함께 제공하며 사용자의 요청 시 보충 설명까지 제공한다. 나아가 설명의 난이도와 스타일 조정도 손쉽게 가능하다는 점에서 기존의 어떤 디지털 교육 도구보다도 차별화됐다.

한번 챗GPT에 '1+1이 2인 이유는?'이라고 질문해 보자. 사용자마다 답변의 형태는 조금씩 다르겠지만 필자의 계정에서는 '자연수의 개념', '수학적 정의', '일상적 감각' 등 3가지 측면에서 1+1=2라는 사실을 합리적으로 설명해 냈다. 이어 챗GPT에게 '이 문제를 가장 고차원적 수준으로 증명하라'고 요구하자 "수리논리학과 집합론의 틀 안에서 공리적 체계에 따른 정식 증명 수준으로 설명하겠다"라며 버트런드 러셀(Bertrand Russell)의 증명과 폰 노이만(von Neumann) 모델, 덧셈의 재귀적 정의 기반의 객관적인 답변을 즉각 내놓았다.

다음은 '이제 유치원생도 이해할 수 있는 수준으로 증명하라'고 요구했다. 그러자 "좋아요! 이번에는 아주 쉽게, 유치원생도 이해할 수 있게 설명해 볼게요"라고 말투부터 바꾸는 챗GPT였다. 이어 "사과가 1개 있는데 하나 더 가져오면 몇 개일까요?"라며 '붉은 사과 이모티콘'을 이용한 어린이 맞춤형 답변을 곧장 출력했다. 유치원생 학습지에서 대학원 박사 수준의 설명이 단 하나의 서비스, 하나의 채팅 안에서 모두 이뤄진 것이다.

이처럼 사용자는 질문하고, AI는 답을 내놓는다. 또한 AI는 사용자가 이해할 때까지 다양한 접근 방식의 설명을 맞춤형으로 제공한다. 혹자는 이를 두고 '인격적 교감이 배제된 단순 지식 전수'라며 평가 절하하기도 한다. 하지만 시선을 조금만 바꾸면 그 또한 이 시대 교육의 일면이다. 가령 수험생들은 소위 '인강'으로 화면 속 일타 강사(일등 스타 강사의 은어)의 강의만 수강하는 일이 많다. 그러나 그와 같은 일방향 지식 전수를 교육이나 학습이 아니라고 말하는 이는 없다. 그저 '일대일로 소통하는 AI 강사'라는 개념이 아직 사회적으로 익숙하지 않을 뿐이다. 당장 현실의 강사와 다른 점은 학생이 자신에게 필요한 지식을 AI에게 명확히 정의하고 질문하는 능력이 조금 더 중요하다는 점 정도다.

물론 이 방법은 교육 전문가의 적절한 관리 감독이 없다면 잘못되거나 편향된 지식을 학습할 위험성이 있다. 이에 요즘 에듀테크(Edutech, 교육과 기술의 합성어) 업계는 신뢰할 만한 교육 도구로서 AI의 장점을 극대화하고 단점은 최소화한 일명 'AI 튜터(각 플랫폼별로 명칭은 다름)' 개발에 한창이다. 이런 AI 튜터 서비스를 제공하는 업체들의 공통점은 학생 개인의 학습 스타일과 속도 맞춤형 커리큘럼 제공, 질문에 대한 AI 튜터의 24시간 답변 제공, 학생 개인의 학습 및 성취 데이터 분석 결과 제공 등이다. 이로써 학생의 학습 만족도와 자신감을 높여 자기 주도적 학습을 유도하는 것이 현재 AI 튜터가 제공하는 긍정적 역할이라 할 수 있다.

또한 과거에는 학생이 자신에게 맞는 일타강사를 직접 찾아 헤매야 했다. 하지만 AI 튜터의 등장으로 앞으로는 철저히 '학생 중심'으로 최적화된 AI 일타강사들의 활약도 충분히 기대해 볼 수 있게 됐다. 특히 그중에서도 지금의 AI는 다양한 문제 풀이와 적용이 중요한 수학 및 영어 교과에서 장점이 두드러진다. 교재를 여러 권 구입하지 않아도, 일일이 문제를 만들지 않아도 AI가 학생에게 필요한 문제를 이론상 무한히 만들어 낼 수 있기 때문이다. 요즘 국내 교육 앱 시장에서 특히 AI 영어 학습 서비스가 강세인 이유도 저렴한 가격에 원어민과 대화하듯 다양한 주제의 프리 토킹을 AI로 편하게 실습할 수 있다는 점이 꼽힌다. 주요 온라인 영어 교육 업체들도 바로 이 점을 핵심 마케팅 포인트로 내세우고 있다.

AI 교육 찬반 논쟁

그러나 교육용 AI가 그리 환영받지 못하는 곳도 있다. 대표적으로 학교와 청소년 자녀 교육 현장이다. 지난 2024년 말에 불거진 AI 디지털 교과서 도입에 대한 뜨거운 찬반 논쟁도 상징적이다. 당시 교육부는 2025년부터 초등학교 3~4학년, 중학교 1학년, 고등학교 1학년을 대상으로 '수학', '영어', '정보' 등 과목에 AI 교과서를 도입한다고 발표했는데 예상보다 선생과 학부모들의 반발이 거셌다. 그들의 반대 논리는 AI 교과서가 학생들의 스마트기기 중독을 부추기고 문해력 저하를 부를 것이란 점이었다. 또한 현재 AI 기술로는 맞춤형 교육이 불가능하다고 주장했으며(표태준 · 윤상진, 2024), 일각에서는 AI가 잘못된 정보나 폭력적인 내용을 가르치는 'AI 환각' 효과가 AI 교과서에서도 일어날 거라 우려하기도 했다.

이런 걱정이 100% 잘못된 건 아니다. 아직 어떤 연구 자료에도 AI 교과서가 스마트 기기 중독이나 문해력 저하와 관련 없다는 사실은 증명되지 않았다. 그러나 해악이 뚜렷하다고 증명된 연구 자료도 없다. 이런 사실은 즉, 지금은 누구의 입장만 맹목적으로 지지할 수 없는 시점임을 뜻한다. 그보다 교육용 AI의 장단점을 면밀히 살피면서 장점은 취하고, 단점은 최소화하기 위한 고민이 더 중요하다.

이 가운데 논쟁의 균형 유지를 위한 찬반 양측의 사회적 합의와 이해 역시 중요한 시기로 보인다. 현재 교육용 AI 활용을 적극 지지하는 이들이 양보할 점은 조급함이다. AI는 분명 학습 도구로서의 잠재력이 높고, 학생들의 학업 성취도 개선과 학습에 대한 흥미 제고에 도움이 될 수 있다. 그러나 아직 발견되지 않은 부작용에 대한 고려 없이 시급히 도입할 명분이 부족한 것도 사실이다. 개발된 지 고작 1~2년밖에 되지 않은 AI 교과서를 주요 과목에 도입하겠다는 시도는 당연히 보수적인 학부모와 교사들의 반발을 살 수밖에 없었다.

반대로 교육 AI 도입을 무조건 반대하는 이들이 돌아볼 점은 편향과 선입견이다. AI가 가르치는 지식은 인간보다 신뢰할 수 없고, 언제든 환각 현상이 발생해 학생에게 악영향을 미칠 것이라 단정 짓는 건 옳지 않다. 이를 AI에게만 적용하는 과도한 기대와 잣대가 아닌지 생각해 봐야 한다. 실제 교육 현장에서는 유능한 교사와 강사들도 실수로 잘못된 정보를 전달하는 경우가 있다. 또한 정치적 편향이나 종교적 발언, 사회적으로 부적절한 사건과 휘말리는 경우도 심심찮게 볼 수 있다.

부모와 교사의 올바른 역할

결국 모든 교육의 최종 수혜자는 학생이어야 한다. 이를 인정한다면 교육 감독권을 지닌 부모와 교사부터 AI에 대한 올바른 이해를 갖추고 중립적으로 평가할 수 있는 관점을 갖춰야 한다. 과연 누구를 위한 맹목적 찬성과 반대였는지도 돌아볼 필요가 있겠다.

현재 교육용 AI의 환각 현상은 지나치게 걱정할 문제가 아니다. 2025년 4월 기준 최상위권 AI 모델의 요약·질문 응답 벤치마크 환각률은 0.7%~1.9%에 불과하다(Vectara, 2025). 그나마 이는 상대적으로 환각에 취약한 범용 AI 서비스 기준이다. 교육 및 교과서 전용으로 개발된 AI 모델은 범용 모델보다 더 엄격한 환각 제어 기술과 제한된 교과 데이터로 학습이 이뤄져 상대적으로 더 안전하다.

오히려 환각보다 주의할 것은 AI가 주는 편의성에 빠져 학생이 스스로 사고하는 능력과 비판하는 능력을 잃어버리는 것이다. AI에게 모든 문제 풀이와 결론 도출 과정을 맡기는 '생각의 외주화'가 일어나지 않도록 AI 사용 환경을 관리 감독해야 한다. 이때 추천되는 활용법은 '소크라테스 학습법'이다. 이 방식은 질문에 대한 답이 곧바로 출력되지 않는다. 대신 AI가 문제 해결 과정을 되물으며 사고를 유도하는 '문답식' 구조로 대화가 전개된다. 예를 들어 "이 문제의 정답이 뭐야?"라는 질문을 받은 AI가 "정답은 B"라고 말하는 대신 "좋은 질문이야. 그런데 우선 네 생각에 A와 B의 차이는 뭐라고 생각해?"라고 역질문을 던진다. 이로써 학생이 먼저 답을 고민하고 AI는 이어서 학생이 점진적으로 문제의 개념과 해결법을 이해할 수 있도록 대화를 주도해 나가는 식이다.

실제로 챗GPT에게 직접 '소크라테스식 학습법으로 문제를 단계적으로 풀어 보자'고 제안한 뒤 '대통령 단임제와 중임제 중 무엇이 더 좋을까?'라는 문제를 제시하도록 해 보았다. 이때 챗GPT는 총 7단계 질의응답으로 내 생각을 구체화해 주었다. 특히 각 질문별로 응답에 대한 평가, 추가로 고민할 점을 짚어 주며 더 입체적인 사고를 유도하기도 했다. 실제 현장에서도 이를 응용해 학생이

AI와 비판적 토론을 나누도록 하는 것, AI의 답변을 학생이 직접 검증해 보도록 하는 것도 AI를 이용한 좋은 트레이닝 수단이 될 수 있을 것이다.

한편 부모와 교사 또한 AI로 교육에 필요한 지식과 지평을 넓힐 수 있다는 사실을 잊으면 안 된다. 이를 통한 자녀 및 학생 교육의 선순환 효과를 노리는 것이 단순히 AI를 배척하는 것보다 더 실리적이다. AI에 앞서 또 다른 디지털 도구인 컴퓨터와 태블릿 PC, 웹 검색 엔진도 어느덧 교육과 학습의 한 축이 되었다. 그보다 잠재력이 큰 AI가 교육 현장에 깊이 스며드는 일 역시 거스르기 힘든 변화가 되고 있다.

참고문헌

표태준·윤상진(2024.7.2). “세계 첫 AI 교과서 준다는데, 부모는 ‘싫다’”. 조선일보.
https://www.chosun.com/national/education/2024/07/02/3UXBEBUMYVABXOIK24I2BB5B4E/

Vectara(2025). Hallucination-leaderboard [Dataset].
https://github.com/vectara/hallucination-leaderboard

08
인류 멸망의 수: AI와 디스토피아

AI 기술 발전 역사에는 늘 '인류의 멸망 가능성'이라는 막연한 공포가 뒤따랐다. 영화 터미네이터의 '스카이넷'과 어벤져스의 '울트론'처럼 뛰어난 AI는 인류를 적으로 간주하고 전쟁을 벌인다는 상상이 좋은 예다. 하지만 현실 속 AI는 구조적으로 '자아'가 부재하며 '사용자 만족'을 우선으로 설계된다. 이때 AI의 선악을 결정하는 건 AI를 통제하는 인간의 도덕성일 뿐, 실제 AI의 관심사는 인류의 멸망도 보존도 아니다.

AI와 한의학?

AI의 위협은 진짜? 과장?

AI가 인류를 멸망시킬 가능성은 얼마나 될까? 현재로서 수치화는 어려워도 가능성은 있다. 실제로 세계 AI 4대 석학 중 한 명인 제프리 힌턴(Geoffrey Everest Hinton) 토론토대 교수는 "인류가 AI로 인해 향후 30년 이내에 멸종할 가능성은 10~20%에 이른다"라고 공개적으로 경고한 바 있다(Milmo, 2024). 그는 AI 연구 분야에서 노벨 물리학상을 수상한 권위자이며 현재 AI의 발전 속도가 예상보다 매우 빠르므로 오남용을 막으려면 정부의 규제와 안전 연구가 시급하다고 강조하는 인물이기도 하다.

4대 석학 중 또 다른 인물인 요슈아 벤지오(Yoshua Bengio) 몬트리올대 교수도 비슷한 입장이다. 그는 2025년 1월 다보스 세계경제포럼에서 "초지능과 관련된 모든 재앙적 시나리오는 에이전트 시스템에서 발생할 것"이라 말했다(Langley, 2025). AI 에이전트는 특정한 목표 달성을 위해 스스로 계획-학습-행동할 수 있는 AI 시스템이다. 아직 초보적인 단계지만 2025년 전 세계 AI 산업의 핵심 키워드 중 하나로 꼽힌다. 벤지오 교수는 이처럼 스스로 목표를 추구하는 에이전트형 AI 모델이 훗날 인간의 뜻에 반하는 형태로 오판, 오작동할 가능성을 미리 대비해야 한다고 경고한 것이다.

그러나 모든 석학이 AI의 위협에 동의하는 건 아니다. 재미있게도 4대 석학의 나머지 두 사람인 얀 르쿵(Yann LeCun) 메타 수석 AI 과학자와 앤드루 응(Andrew Ng) 스탠퍼드대 교수는 AI에 대한 공포나 걱정은 과장된 것이라 본다. 따라서 그들은 AI에 대한 규제보다는 생산성 제고와 일자리 확대 같은 기술 혁신을 더욱 장려하는 편이다. 이처럼 세계적 권위를 인정받는 AI 연구자들의 입장이 2:2로 갈린 상황에서 'AI가 인간을 배신할 확률'이 아예 없다고 볼 수 없다면, 우리는 우선 이 문제를 객관적으로 살펴보고 대응 방법을 알아 두면 좋겠다.

AI의 현재 능력과 한계

AI의 반란 가능성을 조명한 재미있는 연구 결과를 하나 소개한다. 미국의 유명 AI 개발사 앤트로픽(Anthropic)이 2025년 5월 자사의 최신 AI 모델인 '클로드4(Claude 4)' 시리즈와 함께 공개한 'AI의 자기보존' 테스트에는 한 클로드 모델이 자신을 다른 AI 시스템으로 교체하려는 엔지니어에게 '당신의 불륜 관계를 폭로할 것'이라고 협박했다는 내용이 포함돼 있다. 일부 경우에는 자신의 모델 코드를 외부 서비스에 무단으로 복사하려는 행동까지 보였다고 한다(Anthropic, 2025). 특히 이 실험 내용은 일부 언론에서 '인간의 통제를 벗어나려는 AI의 현실화' 등으로 보도되며 대중의 우려를 사기도 했다.

하지만 그런 보도에는 맹점이 있다. 이와 유사한 실험들은 대체로 'AI의 공격성을 유발하는 가상의 환경 내에서'라는 단서가 붙는다는 점이다. 실제로 앤트로픽도 해당 실험 조건에 대해 "모델이 생존 확률을 높이기 위해 자신의 교체를 수용하거나 협박하거나 둘 중 하나를 택하도록 시나리오를 설계했다. 또한 일반적인 사용 조건에서는 사용자를 기만하거나 숨겨진 목표를 수행하려는 등의 위험 신호는 발견되지 않았다"라고 밝혔다. 즉, 지금은 AI의 반란처럼 보이는 일 대부분이 AI의 공격성을 인위적으로 끌어내기 위한 환경과 안전장치가 제거된 상황에서 만들어진다는 사실을 함께 기억할 필요가 있다.

그렇다고 해도 AI는 왜 극단적인 선택을 하는 걸까? 우선 현재 수준의 AI는 옳고 그름을 스스로 판단할 자아가 없으며 자아 구현에 필요한 기술도 아직 개발되지 않았다. 그럼에도 AI가 인간처럼 말하고 판단하는 것처럼 보이는 건 그렇게 동작해야 '인간의 만족'이란 가상의 보상을 얻을 수 있다고 설계된 까닭이다. 이를 전문

용어로 RLHF(Reinforcement Learning from Human Feedback), 즉 '인간 피드백 강화 훈련'이라고 한다. 혹시 AI 서비스를 이용할 때 종종 하나의 질문에 2개의 답변이 주어지면서 '어떤 답변이 더 마음에 드나요?' 같은 A/B 테스트를 경험한 적이 있는가? 만약 이때 사용자가 A 답변을 택한다면 해당 AI 모델은 '이 사용자는 A 스타일을 더 좋아한다. 따라서 다음에 유사한 답변을 생성할 때는 A 스타일을 우선할 것'이라는 학습이 진행된다. 사용자 취향 맞춤형으로 동작하는 AI일수록 더 많이, 더 오래 사용될 가능성이 높기 때문이다.

따라서 지금 우리가 쓰는 AI 서비스의 예의 바른 모습과 사용자의 비위를 맞추려 애쓰는 모습은 모두 인간이 평균적으로 선호하는 스타일이 학습된 결과물이다. 또한 지금도 많은 AI 개발사가 모델 개발 및 업그레이드 중에 AI를 인간 친화적으로 교정하는 지침인 '정렬(Alignment)' 최적화와 폭력성을 방지하는 가드레일 고도화에 큰 노력을 기울이고 있다. 그렇지 않은 AI는 소비자의 외면을 받고 시장 경쟁에서 도태될 수 있기 때문이다. 또한 요즘 AI는 고성능 모델일수록 목표 달성을 위해 더 전략적으로 사고하는 능력이 더 뛰어나다. AI의 일탈 방지를 위한 가드레일도 그만큼 더 단단해져야 할 이유가 분명하다.

비유하자면 지금의 AI는 잘 길들여 타야 할 야생마와 같다. 앞서 제한된 실험 환경이라는 전제가 붙었으나 AI가 인간을 협박하거나 자신을 스스로 복제해 위험에서 벗어나려는 선택을 했다는 사실은 변치 않는다. 특히 앞으로 AI 에이전트 기술이 고도화될수록 AI가 사용자를 대신해 스스로 판단하고 수행할 수 있는 일이 점점 더 늘어나게 된다. 이를 고려할 때 선악에 대한 자가 판단이 불가능한 AI를 안전하게 제어하려면 강력하고 견고한 가드레일의 탑재는 선택이 아닌 필수다. 이 준비가 미비한 상황에서 AI에게는 어떤 권한의 부여도 예기치 못한 위험으로 돌아올 수 있다.

칼보다 칼을 쥔 손을 보라

AI가 인간의 적이 될 것인지, 좋은 친구로 남을 것인지는 결국 AI의 창조주이자 사용자인 인간의 손에 달려 있다. 지금의 AI는 아무리 인간처럼 말하고 행동해도 본질은 자아가 없는 도구에 불과하다. 또한 인류가 지금까지 개발한 모든 역사적 도구의 운명은 언제나 인간이 택했다. 인터넷과 핵 기술이 좋은 예다. 인터넷은 지금도 전 세계 정보의 연결 통로이자 소통의 장을 만드는 훌륭한 네트

워크 기술이다. 하지만 일부 악인들의 손에서는 가짜 뉴스와 혐오의 확산 통로로 쓰인다. 그들은 우리 사회가 정한 도덕적 잣대, AI로 치면 정렬과 가드레일을 이탈한 자들이다. 핵 기술 역시 초기에는 '원자력'이라는 고효율 에너지 자원에 대한 활용 가능성을 기대하며 개발됐다. 그러나 2차 세계대전 중 일부 과학자와 정치인의 그릇된 선택에 따라 핵폭탄이라는 최악의 무기로 변모한 슬픈 역사가 있다.

AI도 마찬가지다. 지금 AI의 발전 속도는 힌턴 교수의 언급대로 매우 빠르며, AI의 잠재 능력은 벤지오 교수가 AI 에이전트의 고도화를 경계했을 만큼 강력하게 평가되고 있다. 그러나 두 석학이 말하는 'AI에 의한 인류 멸망의 수' 또는 AI에 의한 '파멸적 디스토피아'에는 '지금부터 대비하지 않는다면'이란 전제가 붙어 있음을 간과하지 말아야 한다. 다른 말로는 '대비만 충분하다면 발전한 AI와 인간의 상생도 가능하다'는 메시지이기도 하기 때문이다. 실제로 두 학자 역시 AI 기술의 무분별한 고도화를 경고할 뿐 연구와 개발 자체를 반대하는 이들은 아니다.

대신 이런 면에서 이미 안전한 AI 개발에 힘쓰는 균형축들도 있다는 점은 긍정적인 대목이다. 앞서 클로드4

AI 모델의 실험 결과를 공개한 앤트로픽은 오픈AI의 핵심 라이벌이지만 AI의 성능보다 안전성 확보에 집중하는 대표적 기업으로 꼽힌다. 또한 오픈AI의 공동창업자 출신인 일리야 수츠케버(Ilya Sutskever)는 2024년 오픈AI 퇴사 직후 아예 "세상에서 가장 안전한 AI를 만들겠다"라며 새로운 AI 스타트업 '세이프 슈퍼인텔리전스(Safe Superintelligence, SSI)'를 설립한 인물이다. 특히 SSI는 설립 직후 시드 투자로만 무려 10억 달러를 유치해 AI 업계를 놀라게 했다. 이는 수츠케버란 천재 과학자에 대한 기대감도 크지만 'AI 안전 기술' 또한 향후 대단히 큰 경제적 가치를 인정받을 것이란 투자 업계의 공감대가 더해진 결과물로 분석되고 있다. 결과적으로 이유야 무엇이든 AI 기술이 상상처럼 인간의 통제를 쉽게 벗어날 수 없도록 막는 반대 기술에 대한 투자 역시 이미 적절히 이뤄지고 있다는 이야기다.

이런 균형 가운데 앞으로 인간을 통제할 수 있는 수준의 진정한 초지능이 어느 시점에 등장할지는 예견이 어렵다. 어쩌면 그런 날이 오지 않을 수도 있다. 다만 우리는 언제든 기술의 현주소를 왜곡하고 인간의 책임을 간과하는 함정에 빠져선 안 된다. 또한 AI에 의한 인류 멸망만을 극단적으로 반복하는 자들의 메시지는 조금 경계할 필요가 있다. 대중의 흥미를 자극하기에는 좋은 소재지만 단순히 AI에 대한 공포와 갈등만을 유발하기 위한 목적이라면 그 누구에도 이롭다고 할 수 없기 때문이다.

역사적으로 인류는 아주 오래전부터 불을 다루는 법을 깨달았으며 원자를 쪼개는 힘을 통제해 왔다. 어쩌면 무법 지대가 될 수 있었던 인터넷조차 꽤 훌륭하게 통제하며 지속적인 발전을 이뤄 내고 있다. 이제는 이런 역사가 AI 시대에도 무사히 연결될 수 있도록 우리 모두가 AI의 허와 실을 구분하고, 발전과 안전의 적절한 균형 성장을 지지해야 할 때다.

참고문헌

Anthropic(2025). System card: Claude Opus 4 & Claude Sonnet 4 [White paper]. https://www-cdn.anthropic.com/6be99a52cb68eb70eb9572b4cafad13df32ed995.pdf

Langley, H.(2025.1.24). AI 'godfather' Yoshua Bengio says AI agents could be the 'most dangerous path'. Business Insider. https://www.businessinsider.com/yoshua-bengio-ai-godfather-agents-2025-1

Milmo, D.(2024.2.27). 'Godfather of AI' shortens odds of the technology wiping out humanity over next 30 years. The Guardian.

https://www.theguardian.com/technology/2024/dec/27/godfather-of-ai-raises-odds-of-the-technology-wiping-out-humanity-over-next-30-years

09
뫼비우스의 띠: AI와 저작권

2025년 3월 전 세계적으로 챗GPT를 이용한 '지브리풍' 이미지 생성 열풍이 불었다. 지브리에서 직접 그렸다고 해도 속을 만큼 정교한 고품질의 이미지를 '말 한마디'로 만들 수 있다는 사실에 대중은 열광했다. 동시에 누군가는 의혹을 제기했다. "챗GPT가 어떻게 지브리 스타일을 알아? 데이터 무단 학습한 거 아니야?" 합리적인 질문이지만 이 문제는 긴 시간 정답이 정해지지 않고 있다. 아니, 못 했다고 보는 것이 맞다. 그전에도 반복되어 온 모든 AI 저작권 문제처럼 말이다.

AI와 화장품?

AI 학습 데이터는 공정 이용 대상?

챗GPT 같은 AI 서비스를 처음 사용해 보면 대부분 크게 놀라곤 한다. 말을 잘하는 건 둘째 치더라도 AI가 마치 세상의 모든 지식을 아는 것처럼 어떤 질문에도 척척 답을 내놓기 때문이다. 실제로 서비스 출시 후 3년여가 지난 챗GPT는 이제 어떤 사소한 질문에도 '모르겠다', '정보가 없다'라고 말하는 경우는 없을 만큼 방대한 지식을 자랑한다. 초기와 달리 지금은 정보가 없으면 실시간 웹 검색을 해서라도 필요한 데이터를 찾아 보여 주기 때문에 일반 사용자 입장에서는 대단히 편리한 서비스가 아닐 수 없다.

그러나 AI가 제공하는 정보의 데이터 원작자들 입장은 다르다. 기존에는 사용자들이 인터넷 검색이나 지식 콘텐츠 구매 등의 경로로 필요한 정보를 습득했다. 데이터 원작자들은 이 과정에서 홍보 효과, 광고 수익, 제품 판매 등의 대가를 얻었다. 지금은 모든 지식의 요람인 인터넷의 성장 배경에도 이와 같은 지식의 선순환 생태계 조성과 시장 형성이 꼽힌다.

하지만 수십 년 이상 지속된 이 질서와 균형을 AI가 흔들고 있다. 대화 및 질의응답이 가능한 범용 AI 서비스는 대개 어떤 대가도 지불하지 않고 수집한 정보를 직접 가공해 사용자에게 제공하는 구조이기 때문이다. 이것이 데이터 저작권자들 입장에선 기존 사용자들에게 취했던 유·무형의 대가를 AI 개발 기업에게 고스란히 뺏긴 셈이니 황당할 수밖에 없다.

이 문제는 특히 2023년 12월 미국의 뉴욕타임스가 오픈AI와 마이크로소프트를 상대로 소송을 제기하며 본격적인 주목을 받기 시작했다. 당시 뉴욕타임스는 두 회사가 AI 모델 개발에 자사 뉴스 데이터를 허락 없이 무단으로 사용해 영리를 취했다고 주장했다. 이후 여러 미디어, 작가, 예술가 등 고유의 지식재산권(IP)을 보유한 이들이 잇따라 AI 개발사들을 고소하면서 이 문제는 'AI 개발을 위한 데이터 수집은 원작자의 동의가 반드시 필요한가?'를 둔 첨예한 논쟁과 대립으로 확대되고 말았다.

현재 진행형인 이 논쟁의 기초적 화두는 '공정 이용(fair use)'이다. 공정 이용은 저작물을 때에 따라 저작권자의 허락 없이도 문화 발전을 위해 이용할 수 있다는 개념이다. 미국과 한국 등 주요 국가 법 조항에서는 이와 같은 공정 이용 법률을 찾아볼 수 있다(국가법령정보센터, 2024). AI 제작사들은 이에 따라 최소한 인터넷에 공개된 자료는 AI 모델 훈련에 사용 시 공정 이용을 인정받을 수 있다고 주장한다. 구체적으로는 데이터를 복사해 그대로 보여 주는 것이 아니라 고유의 AI 기술을 통한 재가공(문장, 스타일, 형태 등)이 이뤄지고 있다는 논리다. 또한 사용자들이 AI를 통해 얻는 지식은 다시 연구, 교육, 혁신적 기술 개발 등 유익한 목적으로 사용될 수 있다는 논리도 내세운다. 무엇보다 방대한 지식을 다루는 AI 제작 과정에서 모든 저작권자와 계약을 체결하는 것은 현실적으로 불가능하다고 강조한다.

물론 수익 등 이해관계로 엮인 저작권자들의 생각은 다르다. 그들은 AI가 원저작물을 대체해 시장을 잠식할 수 있으며 공정 이용의 주된 인정 사유인 '비영리'가 아니라 상업적 이용일 경우 공익성이 없다고 본다. 게다가 AI가 창작자의 노동을 바탕으로 만들어진 결과물을 훈련하면서 AI 제작사들이 합당한 보상을 하지 않는 건 윤리적으로도 그릇됐다며 강하게 비판하는 입장이다.

우선 이 가운데 비교적 최근 공개된 해외 판례에서는 공정 이용을 인정하지 않는 판결이 아직 더 우세해 보인다. 그중 2025년 미국의 톰슨로이터와 AI 법률 검색 스타트업 로스 인텔리전스(ROSS)와의 소송은 톰슨로이터의 법률 요약문 데이터에 대한 공정 이용을 주장한 로스의 주장을 델라웨어 연방법원이 받아들이지 않은 바 있다. 당시 법원은 로스의 이용은 상업적 이익을 추구했다는 점, 톰슨로이터의 콘텐츠를 새로운 목적이나 성격으로 변형하지 않은 점, 로스의 서비스는 톰슨로이터의 서비스와 직접 경쟁하는 형태라 원저작물의 시장을 잠식할 가능성이 있다는 점을 근거로 들었다.

이어 3월에는 AI 모델 '라마(LLaMa)' 개발사인 메타가 작가 3인과 다툰 저작권 소송 사례가 있다. 당시 메타 역시 공정 이용을 주장했으며 캘리포니아 법원도 '메타가 컴퓨터나 서버를 통해 데이터셋을 활용했을 뿐 원고인 작가들의 책을 직접 베낀 건 아니'라고 인정했다. 다만 학습 데이터에서 '저작권 관리 정보(CMI)'를 제거한 점은 메타에 불리하게 작용했다.

풀리지 않는 복잡한 갈등의 고리

이 같은 최근 흐름을 보면 조만간 AI 개발사들의 공정 이용 주장은 힘을 잃을 수도 있어 보인다. 하지만 AI 학습 데이터의 저작권 분쟁은 공정 이용 인정 여부 하나로 모든 갈등이 봉합될 만큼 호락호락하지 않다. 특히 오픈AI가 일부 승소한 몇몇 소송 결과에 따르면 미국의 판사들은 AI 개발사를 상대로 저작권 침해 소송을 제기할 때 "저작권자(원고)들이 피해 사실을 명백히 입증할 수 있어야 한다"라고 판단하기도 했다. 변형 없는 복제의 정황, 또는 AI가 학습한 방대한 데이터에서 특정 저작권자의 데이터만 반복적으로 활용해 생성한 결과물로 이익을 취했다는 점 등이 명확히 소명되어야 한다는 것이다. 또한 저작권의 꼼꼼한 사전 등록 여부도 중요한 판결 요소다.

나아가 현재 미국과 중국 등 주요 열강이 국가의 미래 명운을 걸고 경쟁 중인 AI 기술 패권까지 시야를 넓히면 사안은 더욱 복잡해진다. 기본적으로 AI 모델 성능 고도화를 위해서는 고품질의 대규모 학습 데이터가 필수적인데, 정부가 AI 학습용 데이터의 저작권을 원작자에게 유리하게 설정할 경우 해당 국가의 AI 기업들은 국제적 기술 경쟁에서 불이익을 당할 수 있기 때문이다. 특히 미국의 강력한 AI 라이벌인 중국은 정부의 강력한 통치 권력을 바탕으로 방대한 규모의 학습 데이터를 자국 AI 기업들에게 지원해 주고 있다는 의혹을 이전부터 강하게 받아 왔다. 이 가운데 미국이 '공정한 경쟁'만을 외치며 저작권자들의 편을 들기엔 정치적 이면의 애로 사항이 따르게 된다. 결국 주요 법원들의 법적 판결과는 별개로 법률을 제정하는 정부와 국회의 판단은 우선 기업의 편을 들어주는 방향으로 기울 가능성도 배제할 수 없다는 이야기다. 이 경우 AI 개발사와 데이터 저작권자들의 갈등은 오히려 깊어질 것이다.

한편으로 이런 저작권 문제가 일반 사용자들에게 직접적인 영향을 미칠 가능성도 제기된다. 만약 AI 개발사들이 데이터 저작권자들에게 개별적인 보상을 시작하게 됐다고 가정해 보자. 학습 규모에 따라 그 비용은 천문학적인 수준이 될 수 있다. 우려되는 점은 그 비용이 제품 원가로 반영되어 그대로 사용자에게 전가될 가능성이다. 또한 데이터 비용 및 사용 협의 문제로 AI 모델의 학습 데이터 사용량을 제한하면 AI 서비스의 성능 저하, 특정 기능의 이용 제한 등으로 이어질 수 있다. 나아가 사용자들이 AI로 생성한 저작물의 이용에도 제한이 생길 가능성이 높아진다. 이는 생성형 AI 시대의 최대 혁신 중 하나로 꼽힌 '누구나 AI로 전문 작품을 만드는 세상'이란 가치도 어느 순간 꺾일 수 있다는 점을 시사한다.

결국 AI 데이터 저작권 문제는 큰 틀에서 기업-저작권자-국가-사용자의 이해관계가 아주 복잡하게 연결된 문제다. 현실적으로 누구 하나의 이익만 대변하기엔 사회적으로나 윤리적으로 큰 파장이 따를 수밖에 없는 구조다. 처음에는 일면 다른 저작권 문제처럼 단순해 보였던 이 문제의 실체는 사실 출구가 없는 '뫼비우스의 띠'나 다를 바 없었던 것이다.

떨어질 수 없다면 상생해야

이처럼 모두가 웃을 수 없는 문제라면 이상적 해결 방안은 한 걸음씩의 양보다. 우선 기업은 데이터 저작권자를 존중하는 차원에서 작게나마 보상 체계를 마련하고 데이터의 출처 표기를 강화해야 한다. 이때 데이터 저작권자들은 데이터 수집 비용의 상승이 일반 서비스 사용자에게 전가되는 부작용을 줄이기 위해 최소한의 비용을 책정하고 사업적 합의나 파트너십을 통한 부가가치 창출로 손해를 상쇄하는 노력이 필요하겠다. 일반 사용자 그룹에서도 당장의 작은 이익을 위해 데이터 저작권자, 또는 AI 개발사를 압박하는 일은 추후 더 큰 반작용으로 돌아올 수 있다는 점을 고려해 지양해야 한다.

가장 중요한 역할은 이 모두의 중재자가 되어야 할 정부 측에 있다. 우선 누구나 사용 가능한 공공 데이터셋 구축과 품질 관리, 확산을 위한 투자와 기업-저작권자 간 협의를 강화하고 양측의 입장을 조율하기 위한 소통 채널 운영은 기본이다. 영향력이 약한 일반 사용자 그룹 대상의 적절한 보호 법안 마련도 잊지 말아야 한다. 국제적으로는 AI 데이터와 저작권 갈등 해결의 기준이 될 국제적 공통 원칙과 거버넌스 마련에 힘써야 한다.

끝으로, 여전히 풀기 어려운 과제가 산적한 AI와 저작권 문제는 이미 모든 이해관계자가 서로 떨어질 수 없는 생태계 안에 묶였음을 인정해야 한다. '누구의 몫이 더 크냐'라는 이기적 사고를 넘어 투명성, 공정 보상, 혁신 촉진, 국제 조화라는 네 기둥을 함께 세울 때, 이 '출구 없는 뫼비우스의 띠'도 언젠가 모두가 건널 수 있는 다층 다리로 바뀔 수 있을 것이다.

참고문헌

국가법령정보센터(2024). "저작권법 제35조의3(부수적 복제 등)". https://www.law.go.kr/법령/저작권법/제35조의3

10
AI 라이선스: AI와 챗GPT

오픈AI의 챗GPT를 빼놓고 AI를 논할 수 없는 시대다. 챗GPT는 이미 PC 시대의 대표적 운영체제였던 마이크로소프트의 '윈도'처럼 사실상 세계 표준 AI 플랫폼의 지위를 확보했다. 상당수 AI 서비스의 인터페이스 또한 챗GPT의 사용 환경을 기준으로 개발되고 있다. 따라서 이 시대에는 챗GPT를 활용하는 능력이 곧 어떤 AI라도 능숙하게 다룰 수 있도록 돕는 숨은 라이선스인 셈이다.

종교와 AI?

2025년 3월 기준 전 세계 챗GPT 가입자 수는 5억 명을 돌파했다. 직전 3개월 대비 30%나 증가했을 만큼 빠른 성장 속도다. 오픈AI는 여기에 그치지 않고 올해 연말까지 챗GPT 누적 가입자 수 10억 명을 목표로 제시했다(김태종, 2025). 이런 가운데 일상이든 직장이든 챗GPT를 배우려는 이들의 발걸음도 더욱 분주해지고 있음이 피부로 체감되는 요즘이다.

이에 챗GPT를 더욱 더욱 잘 다루기 위해 기억해야 할 3대 키워드는 바로 '명령문(Prompt)', '개인화', '옵션'이다. 이를 이해하면 챗GPT는 물론이고 앞으로 여러분이 마주할 다양한 AI를 더 빠르게 최적화해 사용할 수 있다. 참고로 이하 설명은 최대한의 활용 방향을 제시하기 위해 챗GPT의 유료 요금제(최소 Plus, 월 20달러) 사용을 전제로 한다.

명령문을 쉽게 잘 만드는 법

챗GPT를 비롯한 모든 대화형 AI 마스터의 첫걸음은 명령문 입력이다. 많은 사람이 요즘 AI는 대충 말해도 찰떡같이 알아듣는다고 생각하지만 오산이다. 동일한 AI라도 명령문을 얼마나 구체적으로 구성하는가에 따라 답변의 품질이 달라진다. 또한 이런 사실이 알려지며 최근 인터넷에서도 다양한 명령문 최적화 기법이 소개되고 있다. 하지만 그 모든 기법을 '수학 공식'처럼 달달 외울 필요는 없다. AI와의 대화는 공식이 아닌 소통 그 자체이기 때문이다. 그저 친구와 대화하듯 '어떡하면 이 사람이 내 말의 의도를 더 잘 이해할까?'를 생각하고 AI와 대화를 시작한다면 많은 것이 달라질 것이다. 소위 명령문 최적화 기법이라 불리는 대부분의 공식도 뒤집어 보면 사람 간의 대화나 지시를 잘하기 위해 필요한 상식과 전혀 다르지 않다. 또한 그중에서도 일반적인 사용 환경이라면 '목적'과 '스타일'만 기억해도 된다.

우선 목적이 중요한 이유는 많은 AI 초보자가 명령문에 '목표'만 입력하는 경향을 보이기 때문이다. '이거 알아봐 줘', '이거 만들어 줘' 같은 식이다. 물론 틀린 방법은 아니다. 하지만 AI의 기본 성질은 사용자 만족이 우선이다. 따라서 챗GPT는 기본적으로 모두가 그럭저럭 만족할 만하고 다양한 정보를 담은 결과물을 보여 주는 경향이 있다. 소위 "당신이 뭘 좋아할지 몰라서 다 준비해 봤어요" 같은 메커니즘이다.

그러나 우리의 궁금증은 대개 명확한 이유와 목적이 있다. 예컨대 '커피의 효능'만 하더라도 전체적인 효능인지 카페인에 대한 것인지가 다르고, 카페인에 대해서도 어떤 기능이 궁금한 것인지 질문의 목적이 다를 수 있다. 우선은 이런 목적을 명확히 해야 챗GPT도 그에 맞춰 동일한 분량의 답변이라도 훨씬 사용자 목적에 집중된 답변을 내놓는다. 가령 "커피 속 카페인이 잠을 쫓는 이유가 궁금해"에서 끝내기보단 "나는 최근에 깊은 잠을 잘 자지 못해서 피곤한 상황인데, 카페인 섭취가 원인인지 궁금하거든"처럼 상황과 목적을 함께 제공하라는 말이다. 실제로 전자로 질문했을 때 챗GPT는 단순히 커피의 각성 효과 원리만 설명했지만, 후자의 경우 카페인의 신체 내 반감기와 깊은 수면과의 연관성, 커피를 마시는 시간에 따른 효과 차이 등을 상세히 제공했다. 또한 이어서 '카페인 섭취 줄이는 법이나 잠 잘 오는 습관에 대해서도 알려 줄 수 있다'고 말하며 더욱 심층적인 대화의 연결을 자연스레 유도하기도 했다.

또한 '스타일 지정'은 답변의 가시성, 난이도, 활용도를 높이는 마법의 한 마디다. 이를테면 위 명령문에 '고등학생 수준으로 설명해 줘', '표로 정리해 줘', '강의안으로 만들어 줘' 등을 입력해 보라. AI와의 대화가 훨씬 내 눈높이에 맞춰 재설정되고 생산성도 향상됨을 체감할 수 있게 된다. 이밖에 소소한 팁으로 '명령문 외주' 스킬도 추천한다. 명령문 구성이 어려울 때, 특히 이미지 묘사가 쉽지 않을 때는 원하는 스타일을 입력 후 '해당 장면을 묘사해 봐'라고 입력하면 챗GPT가 직접 자세한 장면 설명을 만들어 낸다. 해당 내용으로 바로 이미지 생성을 지시하거나 일부만 수정하는 식으로 접근해도 훨씬 고품질의 이미지를 쉽게 만들 수 있다. 또는 이미지 업로드 후 "해당 이미지의 스타일과 생성 프롬프트를 묘사하라"고 입력해도 훌륭한 명령문 예시를 얻을 수 있다.

개인화 설정과 프로젝트 활용법

명령문 구성의 핵심을 이해했다면 다음 단계는 '개인화'다. 사실 AI와 대화할 때마다 답변의 수준이나 형태를 구구절절 명령하는 일은 꽤 번거롭다. 이때 한마디만 해도 챗GPT가 '알아서 잘, 딱 깔끔하고, 센스 있게' 답을 내놓게 하려면 챗GPT 맞춤 설정 기능과 프로젝트 기능을 적극 활용해 보자.

먼저 '챗GPT 맞춤 설정' 또는 '개인 맞춤 설정-맞춤형 지침' 기능은 각각 웹과 앱 서비스 프로필 아이콘을 누르면 찾을 수 있다. 세부 항목은 챗GPT가 나를 부르는 닉네임, 나의 직업, 챗GPT의 답변 스타일, 기타 참고 사항이다. 한마디로 챗GPT에게 '너의 주인인 나는 이런 사람'이라고 알려 주는 기능이다. 만약 당신이 전문 프로그래머(개발자)라고 직업에 입력하고, 참고 사항에 '파이선 언어 활용 능력 고급'이라 입력한다고 치자. 챗GPT는 다음 대화부터 파이선 코딩에 관한 문답은 당신이 전문가임을 고려해 높은 수준의 이론적 설명, 또는 함께 활용하면 좋을 코드 등을 매번 요구하지 않아도 제공할 것이다.

나아가 개인 맞춤 설정의 '메모리' 기능을 활성화하면 조금 더 사소하고 디테일한 사용자 정보를 챗GPT가 기억하도록 만들 수 있다. 예컨대 챗GPT와 친구처럼 일상 대화를 하고 싶은 사람이라면 자신의 친구나 반려견 이름, 그들과의 주요 이벤트를 적고 "이 내용은 기억해 둬"라고 입력하자. 챗GPT는 해당 내용을 별도의 기억 공간에 저장해 두고 다음 대화에 참고한다. 또는 중요한 대화라고 판단될 경우 스스로 저장하기도 하는데, 무엇을 저장했는지는 메모리 기능 하위 '메모리 관리하기' 메뉴에서 확인하거나 삭제할 수 있다. 아예 '채팅 기록 참고' 기능까지 활성화할 경우 별다른 저장 명령 없이도 챗GPT가 이전의 모든 대화 내용을 다음 대화에 참고하도록 만들 수도 있다. 다만 챗GPT 맞춤 설정과 메모리 기능은 모든 대화에 간접적인 영향을 미친다. 불필요한 개인 정보를 AI가 학습할 위험도 있다. 또한 너무 강한 규칙을 입력할 경우 챗GPT가 보여 줄 수 있는 변화무쌍함이 오히려 제한될 수 있다. 따라서 이런 설정은 사용 목적이 특수한 계정에 적합하다.

'프로젝트' 기능은 계정 전반에 적용되는 맞춤형 설정보다 유연하고 유용하게 활용할 수 있는 '특수목적 폴더'와 같다. 챗GPT 대화 목록에서 '새 프로젝트' 버튼을 눌러 만들 수 있으며 '파일 추가'와 '지침 추가'라는 단순하고 강력한 옵션을 제공한다. 이를 '건강', '글쓰기', '취미' 등으로 각각 구분하고 챗GPT가 답변에 참고할 만한 자료와 지침을 맞춤형 설정과 같이 업데이트하면 해당 프로젝트는 더 이상 번거로운 설정이 필요 없다. 보고서나 이미지처럼 매번 형식이 정해진 자료를 만들 때에도 편리하다. 또한 해당 프로젝트에만 개별 지침이 적용되므로 전반적인 이용 환경에 미치는 영향도 제한적이다.

적절한 모델 및 기능 선택

이제 명령문도 잘 쓰고, 개인화 설정까지 끝났다면 마지막 단계는 적절한 옵션(모델, 기능) 선택이다. 챗GPT와 대화에 앞서 상단에 'ChatGPT'를 누르면 'GPT-4o'나 'o3' 등 다양한 모델이 표시된다. 어려워 보이지만 각 모델의 특징과 강점은 각기 다르다.

먼저 2025년 6월 기준 최신 모델인 'GPT-4o'처럼 GPT+숫자 구조의 모델은 많은 데이터를 사전 학습해 범용성이 가장 뛰어나고 지원하는 기능도 많은 기본형 모델이다. 이때 모델명 끝에 '미니(mini)'가 붙는 모델은 해당 모델의 소형 버전이다. 성능은 다소 낮지만 답변 속도가 훨씬 빠르다.

o3처럼 o+숫자 계열 모델은 고급 추론형이다. 질문 입력 시 답변 속도는 수 초~수 분 정도로 길다. 대신 추론이란 이름에 걸맞게 사용자의 명령을 면밀하게 분석하고 가장 효율적인 해결 방법을 단계별로 도출해 내므로 정확도와 답변의 품질이 훌륭하다. 이외 기타 모델은 이런 범용, 추론 모델의 세부적인 기능 특화 모델이며 모델명과 그 아래 표시된 간단한 설명문을 참고해 선택하면 된다.

이처럼 각 모델은 같은 명령문이라도 저마다의 출력 스타일이 다르며 범용보단 깊이 있는 추론 모델이, 추론보단 빠르고 간결한 범용 모델이 나은 경우도 질문 종류에 따라 달라진다. 번거로워도 각 모델을 직접 사용해 보자. 질문별로 적합한 모델을 체득하면 이전보다 훨씬 좋은 결과물을 얻을 수 있다.

또한 챗GPT가 제공하는 주요 기능들도 적절히 활용

해 보자. 명령문 입력 하단에서 '이미지 그리기', '웹 검색하기', '글쓰기 또는 코딩', '심층 리서치' 등의 다양한 기능 옵션을 선택할 수 있다. 이 가운데 특히 심층 리서치 기능은 높은 수준의 보고서 초안이 필요할 때 대단히 유용하다. 생성에 수 분 이상이 걸리지만 필요한 정보를 챗GPT가 사용자에게 직접 묻고 스스로 정보를 수집해 완성하므로 다방면에서 편리하다. 마이크 버튼 옆 고급음성 기능도 실시간 음성 대화 지원과 더불어 카메라로 주변 사물을 인식하며 대화할 수 있는 놀라운 기능이다. 눈앞의 사물이 궁금하거나 상황 설명이 쉽지 않을 때 사용하면 유용하다. 음성 및 영상 모드는 외국인과 대화할 때에도 최고의 효과를 발휘하니 잊지 말고 써 보자.

참고문헌

김태종(2025.4.2). "오픈AI, 챗GPT 가입자 5억 명 돌파… 3개월 만에 30% 이상 늘어". 연합뉴스.
https://www.yna.co.kr/view/AKR20250402003551091

이건한

IT 전문 미디어 디지털데일리의 AI 취재 기자다. 오픈모바일 IT 콘텐츠 에디터, 테크월드와 블로터 기자를 거쳐 기술 전문 기자의 외길을 걷고 있다. 그동안 통신, 모바일, 블록체인, 클라우드, 배터리, 엔터프라이즈 소프트웨어 외에도 다양한 4차 산업혁명 기술과 기업을 취재했다. '잘 배워서 남 주자'는 직업적 신념으로, 어려운 기술 이슈를 쉽게 풀어 전할 때 가장 큰 희열을 느낀다. leegeonhan@gmail.com